HANS BARON

Calvins Staatsanschauung und das Konfessionelle Zeitalter

*

1 9 2 4

VERLAG R. OLDENBOURG · BERLIN · MÜNCHEN

BEIHEFT 1 DER HISTORISCHEN ZEITSCHRIFT

Meinem Lehrer

Friedrich Meinecke

in Verehrung und Dankbarkeit

zugeeignet

Vorwort.

Die kleine Schrift, die ich auf den folgenden Seiten vorlege, will nichts anderes sein als ein erster Versuch, eine bestimmte Auffassung der Entwicklungstendenzen des europäischen Staatsdenkens beim Übergange vom „Mittelalter“ zur „Neuen Zeit“ an einem wichtigen konkreten Beispiele zur Darstellung zu bringen, an der Gedankenwelt des politisch einflußreichsten Reformators. Sie möchte dadurch zu der Erkenntnis beitragen, daß die Entwicklung des Staatsdenkens nicht anders als diejenige aller übrigen Äußerungen geistiger Kultur viel weniger, als man gemeinhin annimmt, nach der inneren Logik des wissenschaftlichen Gehaltes verläuft, sondern in hohem Grade abhängig ist von allgemeinen kulturellen Faktoren: bald von der beherrschenden Lebensanschauung der großen Geistesepochen, bald von der jahrhundertelang fortwirkenden Eigenart überragender weltgeschichtlicher Persönlichkeiten.

Ich gebe mich selber keiner Täuschung darüber hin, daß die hundert Seiten dieses Büchleins nur einen sehr bescheidenen Beitrag zu diesem weitgesteckten Ziele liefern. Man wird in ihnen eine einheitlich fortschreitende Untersuchung jenes großen Themas vermissen und bemerken, daß dieses gewissermaßen nur aphoristisch von verschiedenen Seiten her — von den Problemen des „Christlichen Naturrechts“, des religiös bedingten Staatsideals Calvins und der Widerstandslehre des Calvinismus aus — nacheinander beleuchtet wird. Ich sehe in dieser Unvollständigkeit meiner Studie insofern einen Mangel, als dadurch die in ihr enthaltenen Einzeluntersuchungen darauf beschränkt werden, mehr die Rolle erläuternder Illustrationen als völlig überzeugender Beweise zu spielen. Dennoch habe ich mich nicht entschließen können, dem Ganzen eine nachträgliche Abrundung zu geben, weil diese eine viel genauere Kenntnis der Staatsanschauungen sämtlicher Reformatoren, vor allem auch des späteren Luthertums und Calvinismus voraussetzen würde, als sie mir zur Verfügung stand; auch müßte ein solches Unternehmen auf der Vorarbeit einer ausführlichen und allgemein anerkannten Darstellung der reformatorischen Staatslehren unter geistesgeschichtlichen Gesichtspunkten fußen dürfen, woran es leider noch völlig mangelt.

Ich habe deshalb den doppelten Ursprung dieser Schrift aus eingehenden Quellenstudien über die Staatsanschauung Calvins, die bereits vor zwei Jahren erstmalig als Dissertation zusammengefaßt wurden und jetzt den zweiten Teil meiner Studie bilden, und aus näheren Auseinandersetzungen mit dem wichtigen Problem des „Christlichen Naturrechts" und „Absoluten Rechts" nicht völlig zu verwischen gesucht, sondern mich begnügt, eine bestimmte Gesamtanschauung von der Eigenart der reformatorischen Staatslehre, ja des ganzen „Konfessionellen Zeitalters" in jeder Einzelfrage sich widerspiegeln zu lassen. Hatte dieser Mangel doch anderseits das Gute zur Folge, daß die sehr schwierigen und feinen geistesgeschichtlichen Probleme, die im Hintergrunde der Untersuchung stehen, nur von Fall zu Fall in immer neuer Tönung angedeutet und nicht mit unzulänglichen Mitteln vorzeitig in knappe Formeln gepreßt zu werden brauchten.

Vermissen wird man in dieser Studie auch eine ausführliche Begründung der im ersten Teile skizzierten Auffassung des „Ewigen" und „Absoluten Rechts" in den christlichen Staatsanschauungen. Jede eingehendere Beweisführung hätte aber den Rahmen des Büchleins gesprengt; ich hoffe, sie in absehbarer Zeit an anderem Orte nachholen zu können. Nur das Eine möchte ich hier bemerken, daß die im folgenden gebotene Skizze, die sich im ganzen als eine Erweiterung und Präzisierung der bekannten Thesen Ernst Troeltschs darstellt, bei diesem selber wenigstens in den Hauptzügen wohl Billigung gefunden hätte. Ich habe ihm meine Ansicht nach einer ersten, vielfach noch fehlgreifenden Formulierung in meiner Dissertation — kurz vor seiner letzten Krankheit — im Sinne der jetzigen Ausführungen vorgetragen und die Antwort erhalten: „Er sei in den Einzelheiten wohl einmal anderer Meinung, aber im ganzen mit meiner Auffassung durchaus einverstanden und stimme meiner Fortführung seiner Gedanken, zumal auch in der Auseinandersetzung mit Holl, völlig zu." Bei dieser Gelegenheit möchte ich es noch besonders aussprechen, wieviel ich Troeltsch für das Reifen der Grundgedanken dieser Arbeit überhaupt zu verdanken habe.

Berlin, im Juni 1924.

Hans Baron.

Inhaltsübersicht.

Vorbemerkung über abgekürzt zitierte Schriften Calvins.

1. Bei Zitaten aus der „Institutio religionis christianae" (soweit nicht anders bemerkt, die lateinische Edit. ultima von 1559) wird ohne weitere Angabe eines Titels das Buch durch römische, der Abschnitt und Paragraph durch arabische Ziffern wiedergegeben; das Zitat lautet also z. B. einfach: IV 20, 1. — Die ins Deutsche übersetzten Stellen folgen zum Teile, ohne daß dies im einzelnen Falle besonders bemerkt würde, Karl Müllers Übersetzung der Institutio („Joh. Calvins Unterricht in der christlichen Religion", Erlangen 1910).

2. Alle übrigen Schriften Calvins werden nach der Ausgabe des „Corpus Reformatorum" zitiert. Die Abkürzung bilden zwei arabische Ziffern, deren erste den Band des C. R., deren zweite die Seitenzahl angibt. Also z. B.: 57, 535.

3. Die Briefe Calvins werden überwiegend nach der deutschen Übersetzung von Rudolf Schwarz („Joh. Calvins Lebenswerk in seinen Briefen. Auswahl in deutscher Übers.", 2 Bde., 1909) wiedergegeben. Zitiert wird in diesem Falle durch römische Ziffer, die den Band, und folgende arabische, die die Seite bezeichnet. Z. B.: II 320.

I.
Grundlagen von Calvins Staatsanschauung.

1.

Konfessionelles Zeitalter und reformatorische Staatsanschauung.

Dem religiös und wissenschaftlich so freien Geiste des 15. und beginnenden 16. Jahrhunderts folgte in Europa ein „Konfessionelles Zeitalter" — Gegenreformation pflegen wir es zu nennen, aber auch die letzten Jahrzehnte der Reformation, seit 1530 etwa, gehören ihrem Wesen nach schon dazu —, das dem rückschauenden Blick ein merkwürdiges Janusgesicht zeigt. Die revolutionierenden geistigen Mächte, welche die vorangehende Epoche geboren hatte: die zukunftsreiche Arbeit für eine autonome Wissenschaft und eine allein auf menschliche Vernunft begründete Philosophie, die unermeßliche Verinnerlichung des religiösen Lebens, welche die Mystik eingeleitet, die Reformation vollendet hatte, die Vorbereitung einer auf Theismus und Toleranz begründeten Lebensanschauung —: alle diese Quellen des modernen Geistes versiegten zwar auch in dem nun heraufziehenden konfessionellen Zeitalter keineswegs. Aber sie wurden jetzt zu Rinnsalen unter der Oberfläche. Die großen Geschicke jenes kampferfüllten Jahrhunderts, das der Wende von 1530 folgte, fanden hingegen ihre Entscheidung fast allein durch einen strengen „hierokratischen"[1]) Geist, der damals alle Völker und Konfessionen

[1]) Wir machen den Versuch, den Begriff „hierokratisch" als eine fest umrissene Bezeichnung für jene meist sehr vieldeutig „mittelalterlich" genannte Weltanschauung zu gebrauchen, die in dem transzendent-religiösen Prinzipe gleichzeitig den höchsten Lebenswert, den letzten Ausgangspunkt der Erkenntnis und die Normen für eine Regelung des staatlichen Daseins sucht. Wir möchten uns dieses Begriffes überall da als eines umfassenden geistesgeschichtlichen Terminus technicus für die von jener Weltanschauung erfüllten Jahrhunderte und ihre, zum Teil noch weiter fortlebenden, Tendenzen bedienen, wo man bei dem Fehlen eines derartigen Schlagwortes sonst zu langwierigen Umschreibungen greifen müßte. Auch

mächtiger noch ergriff als je im sogenannten „Mittelalter". Es wäre falsch, dies wunderbare Wiederauferstehen des hierokratischen Denkens nur als eine hundertjährige Episode anzusehen, welche die aufstrebenden Tendenzen der vorhergehenden Periode vorübergehend hemmte und knickte, bis diese dann ein Jahrhundert später die Fessel wieder von sich warfen, um ihren alten Weg fortzusetzen. Dies etwa waren freilich die Grundzüge des geschichtlichen Bildes, das sich die Aufklärung von jenem Zeitalter machte, gegen dessen konfessionellen Geist sie sich selbst noch verteidigen mußte. Auch auf die spätere Geschichtschreibung haben solche Anschauungen fortgewirkt. Aber man hat seitdem doch längst gelernt, fruchtbare, zukunftsreiche Kräfte gerade auch in jenen konfessionell-dogmatischen Tendenzen der Epoche am Werke zu sehen. Sind sie es doch, in welchen die Religion, die den spröden Stoff der jungen romanisch-germanischen Völkerwelt zuvor oft nur recht äußerlich zu umschlingen und zu bändigen vermocht hatte, damals mit nie geahnter Kraft die Völker bis ins Innerste formend und sittigend durchdrang. Welch ungeheure Wirkung gewann in jener Zeit religiöses Fühlen in allen drei christlichen Konfessionen auf Sitte, Lebensführung und Moral! Man kann es kaum begreifen, wie der strenge puritanische

---

der Ausdruck „Hierokratisches Zeitalter" läßt sich dann in Gegensatz und Parallele stellen zum „Konfessionellen Zeitalter", das auf das Ende der Reformation folgt und wegen der Vielheit der miteinander streitenden Konfessionen bereits auf veränderten Voraussetzungen beruht. Es ist das Wort also — im Unterschiede zur „Hierarchie", der ἀρχή der ἱερεῖς, der Priester — als überragende Macht des ἱερόν, des transzendenten Heiligen, worauf der Klang schon hinweist, zu verstehen.

Von diesem geistesgeschichtlichen Begriffe zu trennen wären die üblichen verfassungsgeschichtlichen Bezeichnungen der „Hierarchie", der Priesterherrschaft, und der „Theokratie", der Gottesherrschaft, deren unscharfe Bestimmung in der bisherigen Literatur über Calvin oft zu Unklarheiten und Verwechslungen Anlaß gegeben hat. Man muß in dieser verfassungsgeschichtlichen Hinsicht von der eigentlichen „Priesterherrschaft" aufs sorgfältigste die „Theokratie" scheiden, die Calvin in Genf zu verwirklichen strebte und die nach der erschöpfenden Definition, welche ihr Hundeshagen (in: Ges. Schrift. II, 50) bereits vor über 80 Jahren gegeben hat, einen staatlichen Zustand darstellt, in welchem: 1. das gesamte Staatsleben unter einem einheitlichen religiösen Gesichtspunkt steht, 2. die Obrigkeit verpflichtet ist, diesen religiösen Staatszweck unmittelbar durchzuführen, 3. das religiöse Gesetz in seinem ganzen Umfange zugleich als Staatsgesetz dient und 4. demgemäß jede Übertretung des religiösen Gesetzes von der Obrigkeit als Sünde bestraft wird.

Geist so schnell ins „alte fröhliche England“ seinen Einzug halten, ein neues Volk auf Englands Boden schaffen konnte. Und was ist damals aus dem Italien der Renaissance geworden? In seinen kulturell führenden Schichten durch eine intellektuell und sittlich schrankenlose Freiheit der Individuen zersetzt, in der Masse des Volkes mehr vom Aberglauben als von der sittlichen Kraft der Religion berührt, so wurde es vom „Sacco di Roma“ in jenem schicksalsvollen Jahre 1527 getroffen. Und wenige Jahre später ist dieses Land nicht nur der Sitz der innerlich vielleicht stärksten Macht der Epoche, des gegenreformatorischen Papsttums, nicht nur die Heimat einer neuen großen religiösen Kunst, die sich schnell ganz Europa untertan macht, sondern zeigt selbst im Tiefsten seines Wesens sich verwandelt: Eine neue positive katholische Sittlichkeit und Religiosität ist in den ehemals glänzenden Stätten der Renaissance heimisch geworden! Es scheint kaum nötig, auf weitere Beispiele hinzuweisen. Von Deutschland etwa weiß man, wie vieles selbst von dem, was wir heute als „deutschen Geist“ empfinden, in Wahrheit erst damals geschaffen wurde durch die formenden Kräfte des Luthertums. Genug: man erfaßt nur dann das Wesen jenes Zeitalters des „Konfessionalismus“ in seinem Kerne, wenn man bedenkt, daß die gewaltigen Wogen dogmatischer Gläubigkeit und eisernen Fanatismus', die es durchtobten, zugleich den einzelnen Nationen ihren Stempel für alle Zukunft aufdrückten, daß dadurch jene Zeit sozusagen zur Geburtsstunde der „Volkscharaktere“ des modernen Europas ward.

Damit erhebt sich nun eines der wichtigsten Probleme der heutigen historischen Forschung, zu deren größten Aufgaben es gehört, die Umstände aufzuhellen, deren es zur Entfaltung der geistigen Welt bedurfte, die uns in der Gegenwart umgibt. Sobald man die soeben angedeutete weitreichende kulturgeschichtliche Bedeutung des Jahrhunderts zwischen Reformation und Aufklärung anerkennt, erscheint es auch für jedes Sondergebiet der Kultur erforderlich, die Ursprünge unseres geistigen Erbes nicht zuletzt aus diesen religiösen Zusammenhängen heraus zu begreifen. Für eines der zentralsten Gebiete der Geistesentwicklung: für die Geschichte der Staatsanschauung hat nun in der Tat die jüngste Forschung eine derartige Abhängigkeit heutiger nationaler Verschiedenheiten von einer ungleichartigen religiösen Beeinflussung während des konfessionellen Zeitalters aufgedeckt. Wir brauchen nur die Namen Gierke, Jellinek, Max Weber und Ernst Troeltsch zu nennen. Haben doch ihre berühmten Forschungen nachgewiesen, wie stark vornehmlich der Calvinismus den von ihm erfaßten Völkern ein eigenartiges Staats- und Sozialempfinden anerzogen hat, ohne das weder die im Vergleich zum Luthertum und zum Katholizismus auffällige Empfänglichkeit der calvinistischen Welt für renaissancemäßig-rationale und individualistisch-freiheitliche Ideen im Jahrhundert der Aufklärung noch die gleichzeitige Entstehung der spezifisch angelsächsischen Form der Demokratie möglich geworden wäre. Nun aber gilt es, bei diesen Ergebnissen nicht stillzustehen. Ein Bild der Entwicklung der europäischen Staatsanschauung, das alle Besonderheiten der nationalen und konfessionellen Kreise nach ihrer inneren Notwendigkeit erfassen soll, setzt voraus, daß zuvor einmal jene neu gewonnenen Gesichtspunkte von der Entstehung der Aufklärungswelt aus konfessionellem Geiste, an deren Analyse sie bisher vornehmlich erprobt worden sind, auf das Konfessionelle Zeitalter selber übertragen werden. Konnte in diesem doch jede wissenschaftlich fundierte staatsrechtliche Dogmatik, wie entscheidend wichtig sie für die Entwicklung einer politischen Wissenschaft und damit für das ganze höhere Geistesleben sein mochte, in ihrer nächsten Wirkung nur eine engere Schicht von Staatsmännern und Politikern berühren, während das Staatsbewußtsein der breiten Schichten aller Stände — das letztlich entscheidende Imponderabile der Epoche! — noch alle Kraft aus den jeweils herrschenden religiösen Überzeugungen zog. Man wolle doch nur bedenken, daß es während jenes Jahrhunderts in allen Konfessionen eben die großen reformatorischen Theologen gewesen sind, die zugleich die staatsphilosophischen oder besser staatstheologischen Werke schufen, deren Wirkung in die Massen drang und weithin zur Richtschnur des Handelns wurde; daß selbst die ganze staatsrechtliche Literatur vom Ende des 16. Jahrhunderts, die sich um die monarchomachischen Kontroversen herum gruppiert, noch fast unlösbar mit ihrem konfessionellen Mutterboden verwachsen blieb. Zumal wenn man zu den Grundwerken der ersten Jahrzehnte der Epoche greift, zu den großen Lehrschriften der Luther, Zwingli und Calvin, die nun für lange Zeit eine unerschütterte Autorität wahrten und alle in so ganz verschiedener Weise wirkten, erkennt man, wie hier alles auf die Eigenart des religiösen Geistes ankommt, dem sie jeweilig entsprungen sind.

Nur auf ihre Formulierungen hin betrachtet, würden sie in ihrer wissenschaftlich unzulänglichen Ausdrucksweise fast nur Gleichartiges oder doch Ähnliches auszusagen scheinen. In Wirklichkeit besitzt aber keine staatliche Institution, welche die Reformatoren ihrer Betrachtung und Wertung unterwerfen, einen bloß staatlichen oder politischen Zweck, sondern jede gilt ihnen zugleich und eigentlich vor allem anderen als ein Werkzeug der Religion, als dienendes Glied im Reiche Gottes. Bevor die heutige Forschung nach Form und Recht des reformatorischen Staates fragt, muß sie daher in jedem Falle prüfen, welche Rolle diesem selbst — ob eine mehr aktive oder passive, eine mehr weltliche oder geistliche — in der gesamten religiösen Anschauungswelt zugewiesen wird. Mit einem Worte: Es erscheint unter dem hier entwickelten Gesichtspunkte als eine der wichtigsten Aufgaben für die Geschichte der Staatsanschauung des Reformations- und Konfessionellen Zeitalters, nachzuweisen, wie aus jeder gesonderten religiösen Anschauungswelt auch eine entsprechende besondere Staatsanschauung erwachsen konnte und erwachsen ist.

Calvins Staatsanschauung bildet, schon allein wegen der großen kulturgeschichtlichen Wirkungen des späteren Calvinismus, eines der wichtigsten Kapitel in der Geschichte dieses Problems. Die reiche und wertvolle Literatur, die für eine Beurteilung des Genfer Reformators bereits zur Verfügung steht, nimmt freilich überwiegend staatsrechtliche Gesichtspunkte zum Ausgang. Man glaubte sich gerade bei Calvin darauf berufen zu dürfen, daß seine Lehre von der Souveränität Gottes systematischer und juristischer durchgebildet sei als die Staatslehre irgendeines anderen Reformators. Mag dies auch immerhin der Fall sein, so ist doch damit noch nicht gesagt, daß Calvins Denken deshalb schon eine wirklich klare juristische oder systematische Konsequenz besaß. Wir dürfen uns hierfür auf die Meinung eines so erfahrenen Beurteilers berufen, wie es Karl Rieker ist, dem wir neben Ernst Troeltsch die bedeutungsvollsten Untersuchungen über den Unterschied der Sozial- und Kirchenlehren im Calvinismus und im Luthertum verdanken. Die juristische Bildung des Genfer Reformators, meint Rieker, habe „wohl auf die Form seiner Darstellung eingewirkt, nicht aber auf den Inhalt seines Systems."[1]) Zudem hat Calvin eine wirklich unzweideutige juri-

[1]) „Grundsätze reformierter Kirchenverfassung", 1899, S. 59.

stische Formulierung seiner Lehren oft sogar absichtlich vermieden. Gleich den anderen Reformatoren — für Luther hat Meinecke dies einmal hervorgehoben[1]) — dachte er nicht nur, wenn er sich an das Gewissen der Einzelnen wandte, sondern auch wenn er vom öffentlichen Wesen sprach, zunächst einmal an Pflichten, zumal an religiöse Pflichten, welche die Gemeinschaft wie jedes ihrer Glieder zu erfüllen habe; von Rechten im juristischen Sinne war dabei wenig die Rede. Am seltensten fanden ethische und juristische Normen da eine scharfe Trennung, wo es sich um die wichtigste Frage jener Zeit handelte, um das Verhältnis von Staat, Kirche und Religion. Nur einer ungläubigen oder nicht völlig rechtgläubigen Obrigkeit gegenüber schien es hier nötig, unzweideutige Schranken aufzurichten; dem guten und gottgehorsamen Willen der Regierenden aber durfte der weiteste Spielraum gelassen werden. Zumal für Calvin läßt sich beinahe sagen, daß sich über denjenigen seiner Lehren, die dem Verhältnis von Obrigkeit und Kirche im nicht-rechtgläubigen Staate gelten, eine besondere Staatslehre für den vollkommenen christlichen Staat erbaue! Daher blieb denn auch eine so überaus sorgfältige Arbeit wie die von Gisbert Beyerhaus — die umfangreichste, die bisher der Staatsanschauung Calvins gewidmet wurde[2]) —,

---

[1]) „Luther über christliches Gemeinwesen und christlichen Staat", Hist. Zeitschr. 121, 1920, S. 5.

[2]) „Studien zur Staatsanschauung Calvins, mit besonderer Berücksichtigung seines Souveränitätsbegriffs" 1910 (Neue Stud. z. Gesch. der Theol. u. Kirche, H. VII). — Bei dieser Gelegenheit seien als noch heute wichtige Erzeugnisse der älteren Calvin-Literatur genannt: W. Kampschulte, Joh. Calvin, seine Kirche und sein Staat in Genf (1. Bd. 1869, 2. Bd. herausgeg. v. W. Goetz 1899), das Standard-work über den Staatsmann Calvin; ferner der die Quellenzitate gut zusammenstellende Aufsatz von Ludwig Elster über: Calvin als Staatsmann, Gesetzgeber und Nationalökonom (Jahrb. f. Nationalök. u. Statistik XXXI, 1878). — Die Arbeiten von Eugène Choisy (La Théocratie à Genève, Genfer theol. Diss. 1897) und Hans Haußherr (Der Staat in Calvins Gedankenwelt, Schr. des Ver. f. Reformat.-Gesch. Nr. 136, 41. Jahrg. 1923), die beide für die vorliegende Untersuchung vielfach berücksichtigt wurden, behandeln — wie übrigens auch Kampschulte — in erster Linie nur die praktische Staatstätigkeit des Reformators in Genf. — Die Skizze von Hans v. Schubert über Calvin (in „Meister der Politik", herausgeg. von Marcks und K. Al. v. Müller, II, 1921), die von der gleichen Auffassung des Menschen und Staatsmannes Calvin und seines Verhältnisses zu Luther ausgeht wie die folgende Untersuchung, ist mir erst nach Abschluß meiner Arbeit zu Gesichte gekommen. Die von v. Schubert gebotene packende Darstellung

so wertvoll und grundlegend sie im einzelnen auch für die weitere Forschung ist, gerade mit ihrer Hauptabsicht, Calvins Lehre auf die planen juristischen Formeln der modernen Staatslehre abzuziehen und in deren Entwicklung einzuordnen, von vornherein zur Unfruchtbarkeit verurteilt. Die große und entscheidende Vorarbeit für das uns hier beschäftigende Problem verdanken wir vielmehr den bekannten, epochemachenden Forschungen Ernst Troeltschs über die „Soziallehren der christlichen Kirchen und Gruppen".[1] Durch diese erst wurde der entscheidende Nachweis geliefert, daß das religiöse, ethische, soziale und staatliche Denken einer jeden der großen christlichen Konfessionen derart eine geistige Einheit bildet, daß die wesentlichen Tendenzen des einen Kulturgebiets sich ähnlich auch auf den anderen wiederfinden. Damit ist die Grundlage für eine wahrhaft kulturhistorische Auffassung des religiös-christlichen Zweiges des Staats- und Sozialdenkens im Konfessionellen Zeitalter gelegt. Denn gerade in dieser Epoche hat jener innige Zusammenhang religiösen und politischen Denkens die weitesttragenden kulturgeschichtlichen Wirkungen gehabt, wie wir noch deutlicher, als es bisher geschah, nachzuweisen hoffen, indem wir bei Calvin als einem der charakteristischsten Vertreter dieser Zeit die geheimen Fäden bloßlegen, die seine Religiosität und Staatsanschauung verknüpfen und es bewirkten, daß die politisch-sozialen Lehren des Reformators zu einer weltgeschichtlichen Macht geworden sind.

---

des praktischen Politikers gewährt eine sehr erwünschte Ergänzung zu der von uns gegebenen Schilderung des Staatstheoretikers.

[1]) Noch immer wertvoll sind aus der älteren Literatur in dieser Hinsicht einige kleinere Schriften von K. B. Hundeshagen: „Über den Einfluß des Calvinismus auf die Ideen von Staat und staatsbürgerlicher Freiheit" (1841; wieder abgedr. in: Kleinere Schr. u. Abhandl. II, 1875) und „Über einige Hauptmomente in der geschichtl. Entwickl. des Verhältnisses zwischen Staat und Kirche" (1860/61; abgedr. i. Schr. II).

2.

Bedeutung von Calvins Religiosität und Sozialethik.

Die Überzeugung, daß das ganze irdische Leben im größten und im kleinsten durch Gottes, des allgewaltigen Weltenherrn, nicht des alliebenden Vaters, unmittelbare Herrschaft und Gewalt geleitet werde, bildet den festen Kern von Calvins religiöser Lebensanschauung. Daß unser Leben mit allen seinen staatlichen und sozialen Institutionen von Gottes Wirken unmittelbar durchdrungen und gestaltet sei; daß jeder Gläubige, herausgehoben und erwählt aus der Menge der Verworfenen durch Gottes unerforschlichen Ratschluß, sich lebenslang bewähren müsse als Mitstreiter für die Verwirklichung des Gottesreichs auf Erden: dies sind die beiden Grundideen Calvins, die alle seine Anschauungen und Lehren durchdringen und bestimmen. Ihnen entspringt ein Lebens- und Persönlichkeitsideal, das sich von jeder anderen christlichen Auffassung charakteristisch unterscheidet. Der Gläubige, der sich in so inniger Verbindung mit Gott und als ein Glied einer großen Gemeinschaft von Gotteskämpfern fühlt, spürt Kräfte in sich überströmen, die ihn all seine sittliche Aktivität, so lange er auf Erden weilt, bis auf das äußerste anspannen lassen. Das Leben wird ihm wertvoll, sofern es ihm Gelegenheit zur Übung sittlichen Handelns gewährt. Im Lichte eines verstandesklaren, arbeitsfrohen Werktags liegt es vor ihm; jedes Streben nach gottseliger Ruhe, jede Mystik und jeder Überschwang religiösen Gefühls bleibt aus ihm verbannt. Ein starkes Kraftgefühl und der freudige Wille, sich aus der eigenen Kraft zu einem Gott wohlgefälligen Menschen heranzubilden, wird so die Grundstimmung, die aus der „vita christiana" des rechten

Christen spricht, wie sie Calvin im dritten Buche seiner „Institutio religionis christianae" geschildert hat.[1])

„Was für eine große Sache ist es", heißt es da charakteristisch für den Geist, in dem Calvin dem ganzen irdischen Leben gegenübertritt, „daß wir dem Herrn geweiht sind, damit wir nun nichts anderes denken, reden und treiben sollen, als was zu seinem Ruhme dient" (III 7, 1). Ist auch die wahre evangelische Vollkommenheit dem Menschen auf Erden noch nicht beschieden, so darf man deshalb doch die Hände nicht in den Schoß sinken lassen, sondern unduldsam gegen seine Fehler soll ein jeder „nach seiner Kraft auf dem betretenen Wege voranstreben", damit er „täglich wenigstens ein Stück" des Weges, soweit es ihm vergönnt ist, zurückzulegen vermag (III 6, 5).

Für eine solche Auffassung besitzt das menschliche Leben, auch das Gemeinschaftsleben, einen hohen positiven Wert. Wie anders hatte Luther doch empfunden, wenn er, den Widerspruch des irdischen Treibens gegen die hohen religiösen Forderungen, um deren Unerbittlichkeit er wußte, vor Augen, trotz aller Einschränkungen das Leben letzten Endes nur ein „irdisches Jammertal" hieß; wenn ihn nicht eine vorübergehende Stimmung des Augenblicks, sondern tiefe, dauernde Resignation angesichts der Unheiligkeit des Lebens so beklommene Worte finden ließ wie: „Leiden, Leiden, Kreuz, Kreuz ist der Christen Recht und kein anderes" und „Weinen geht vor Wirken und Leiden übertrifft alles Tun".[2]) Unendlich empfindlicher als die aufs praktische Handeln gerichtete Natur Calvins war eben Luthers Gefühl für den Gegensatz von Ideal und Wirklichkeit auf Erden.

Nun sind gewiß auch nach der Überzeugung Calvins die höchsten Forderungen, die sich an den Menschen richten, auf Erden im Sündenstande niemals völlig erfüllbar. Aber das rela-

---

[1]) Für diese Haupttendenzen von Calvins Religiosität sei besonders hingewiesen auf die Schilderungen von Dilthey (Ges. Schr. II, 231f.), Troeltsch (Protestant. Christentum u. Kirche i. d. Neuzeit², 519), Holl (Calvin. Berliner Rede 1909; 7ff.) und Sieffert (Calvins religiöse Entwickl. Bonner Rede 1909; 27ff.)

[2]) Weimarer Ausg. 24², 284 und bei Max Weber, Aufs. zur Religionssoziologie I, 125. — Innerhalb der neuesten Literatur arbeitet die Greifswalder Reformationsrede von Johannes Kunze (1918; „Das Christentum Luthers in seiner Stellung zum natürlichen Leben") diese pessimistische Grundstimmung Luthers besonders scharf heraus.

tiv vollkommene Leben, das ein rechter Christ auf Erden führen kann, scheint ihm dabei doch von den göttlichen Forderungen nicht so abgrundtief geschieden wie etwa Luther. Für Calvin bildet das christliche Leben schon im Diesseits ein Mittleres zwischen Sünde und Heiligkeit, eine Annäherung ans höchste Ziel von eigenem Werte. „Bedenken wir," so ruft er, „daß wir in diesem Leben zur Herrlichkeit des Himmelreichs zubereitet werden sollen! Gott hat es so geordnet, daß erst auf Erden kämpfen muß, wer dereinst im Himmel gekrönt werden soll"; auch „unser irdisches Leben ist eine Gabe der göttlichen Gnade!" (III 9, 3). Für Luther zerfiel die Welt gleichsam in zwei einander völlig fremde Sphären, zwischen denen einzig und allein die individuelle Rechtfertigung durch den Glauben, wie er sie selbst nach schweren Seelenkämpfen erfahren hatte, einen Ausgleich herbeizuführen vermag. Calvin hingegen, der seinen Glauben nicht mehr durch so schwere seelische Anfechtungen hindurch zu retten brauchte und deshalb meinte, „daß die Berufung und der Glaube wenig wert sind, wenn nicht die Beharrung hinzukommt" (III 24, 6), war überzeugt, daß unser gottgefälliges Tun sehr wohl imstande ist, zwischen der Welt des evangelischen Ideals und der Wirklichkeit eine erste Brücke zu schlagen und so schon unsere irdische Gegenwart zu heben und zu läutern.

Handeln, Wirken und Bewährung werden somit zum Kern von Calvins Religiosität und Lebensanschauung und arbeiten am Ausbau aller seiner Lehren mit, die das soziale und staatliche Geschehen umfassen. Und doch muß man sich hüten, jene ganz konsequent durchdachte Bewährungsidee, die erst der spätere Calvinismus ausbildete und zwar — wie Max Weber in seiner berühmten Untersuchung nachgewiesen hat — unter so großen kulturgeschichtlichen Wirkungen, etwa schon in des Reformators eigener Auffassung erreicht zu sehen. Denn gerade der entscheidende Gedanke, daß die „Bewährung" sich als Bewährung im bürgerlichen Beruf darstellen müsse, zeigt sich bei Calvin selber noch nicht einmal angebahnt. Wo er in der Institutio von der Bedeutung der „Berufe" (vocationes) spricht, spielen die Gedanken der Erwählung und Bewährung keine Rolle; nur als konservatives Element seiner Sozialanschauung, zur Zügelung radikalen Freiheitsdranges dient die Berufsidee an dieser Stelle: Damit nicht alles im Leben durcheinandergehe, heißt es, und damit niemand unbesonnen die ihm gesetzten Grenzen überschreite, wurde jedem seine bestimmte Pflicht zugeteilt, eben seine vocatio.[1]) Vor allem setzte die rigorose Regelung des ganzen Lebens unter dem Gesichtspunkte der Bewährung, wie sie dem späteren Calvinismus eigentümlich ist, realere Grundlagen als eine bloße Theorie voraus; die strenge, übersichtliche Sittenkontrolle einer Sekte mit dem ihr eigenen kleinbürgerlichen Lebensstil mußte hinzutreten. Nie aber wäre es zu einer solchen Entwicklung mit so innerer Folgerichtigkeit gekommen, hätte nicht von vornherein Calvins zur Aktivität antreibendes religiöses Persönlichkeitsideal die Richtung auf die „heilige Gemeinde" hin gewiesen. Denn mochte diese Konsequenz auch so wenig in den Wünschen des Reformators liegen, daß er wiederholt ausdrücklich davor warnte, die Zeichen für die Erwählung eines Menschen etwa in seinen Taten oder Werken zu suchen (III 2, 38), und sogar an der Hauptstelle der Institutio über die Zeichen der Prädestination die „Bewährung" — ob absichtlich, ob unabsichtlich — nicht einmal erwähnte (III 24, 4f.), so schlummerte doch in seinem starken Glauben an die Macht der Erwählung und des Gottesstreitertums eine Kraft, die ihn selbst schon diese Schranken bisweilen durchbrechen ließ.[2]) Fast gegen seinen Willen sah er sich zu der Folgerung gedrängt, daß das

---

[1]) III 10, 6. Ähnlich auch 43, 331.

[2]) Bisweilen — denn es muß ausdrücklich darauf hingewiesen werden, daß die oben folgenden Quellenstellen in Wirklichkeit doch stark verklausuliert bleiben. Sie werden, gerade als ob Calvin nun selbst vor derartigen Konsequenzen zurückgescheut wäre, zuletzt noch einmal unzweideutig eingeschränkt (mag diese Einschränkung auch, genau genommen, mit den früheren Formulierungen nicht ganz vereinbar sein): Nähme man nun aber — heißt es jetzt — „die guten Werke zum letzten Grunde der Gewißheit, so käme man auf einen ganz unsicheren Boden". Denn an sich betrachtet, könnten sie „wegen ihrer Unvollkommenheit ebenso Gottes Zorn bezeugen." Sie bleiben also freies Geschenk Gottes, sind aber gerade deshalb doch immerhin „Zeichen der Berufung, an welchen wir unsere Erwählung erkennen" (III 14, 19). Vom eigentlichen „Bewährungsgedanken" ist dies alles jedenfalls weit entfernt, und Max Weber war zweifellos im Recht (worin ihm denn auch ein so kompetenter Beurteiler wie Holl, Calvinrede 47f., gefolgt ist), den Reformator in dieser Hinsicht vom späteren Calvinismus scharf zu trennen (Religionssoziologie I, 103f. und 111 A). Wir halten daher den Widerspruch von Sieffert, der die Bedeutung des Bewährungsgedankens auch schon für Calvin höher veranschlagen zu dürfen glaubt (Calvinrede 27f. und A. 48), für unberechtigt. Richtig ist nur das Eine, daß die spätere große Entfaltung der Bewährungsidee ohne die Voraussetzungen von Calvins spezifischer Religiosität nicht denkbar wäre, wie es die von uns gewählte Problemstellung deutlich macht.

Gewissen, obschon es im rechten Glauben allein den festen Grund für seine Rechtfertigung besitze, sich doch „durch einen Blick auf die Werke stärken dürfe, sofern diese als Zeugnisse dafür dienen, daß Gott in uns wohnt und herrscht." Bis schließlich die Erörterung in dem Satze gipfelte: „An den Früchten der Berufung erkennen die Gläubigen, daß Gott sie in die Zahl seiner Kinder aufgenommen hat"! (III 14, 18f.) Was bedurfte es da noch mehr als günstiger äußerer Umstände, daß sich diese fortreißende Überzeugung einer göttlichen Prädestination, durch die wir, nach Calvins eigenem Ausspruch, „viel mehr zu eifrigstem sittlichen Streben erweckt werden, als daß wir dadurch etwa einen Vorwand zur Trägheit bekämen" (III 23, 12), in späteren Geschlechtern zu jener rücksichtslosen Umgestaltung des ganzen sittlichen und sozialen Lebens entfaltete!

Schon bei dem Reformator selber aber bestimmte dieser harte, tatenfrohe Sinn das ganze sozialethische Denken. Calvins Sozialethik ist, wie man oft bemerkt hat, nicht auf den Geist frommer christlicher Nächstenliebe begründet, sondern auf die Anerkennung des Nebenmenschen als eines Gott-Erwählten, als eines Mitstreiters für Gottes Reich. Nicht Liebe, sondern Gerechtigkeit wird daher das höchste Gesetz für die Beziehungen von Mensch zu Mensch; selbst grausame Strafen und der Krieg scheinen erlaubt und geboten, sobald die „Ehre Gottes" in Frage steht.[1]) Während Luther einen Ausweg aus dem Konflikte zwischen den Forderungen der Bergpredigt und der Notwendigkeit, eine staatliche Ordnung durch obrigkeitliche Zwangsgewalt zu sichern, nur in der Scheidung von Person- und Amtsmoral fand und so gewissermaßen den kostbarsten Teil der Seele von aller staatlichen Betätigung trennte, hat Calvin von einem solchen Widerspruch zeitlebens wenig gewußt. Ihm erschien das rücksichtslose Handeln der Politik eben als rechtes Wirkungsfeld für die christliche Gesinnung. Sein diplomatischer Briefwechsel enthält Beispiele dafür in Menge. Da beklagt sich einmal die Herzogin Renata von Ferrara, persönlich Anhängerin der neuen Lehre, zugleich aber Schwiegermutter des ermordeten Führers der französischen Katholiken, des Herzogs von Guise, über das harte,

---

[1]) Vgl. hierüber und für das Folgende: Troeltsch, Soziallehren 637 ff. — Über Calvins Befürwortung rücksichtsloser Strafmaßnahmen Belege unten S. 83.

lieblose Verhalten reformierter Pfarrer beim Bekanntwerden dieses Mordes: Calvin möge doch diese Geistlichen, die sich als Christen bekännten, auch zu christlicher Liebe mahnen. Darauf erhält sie die scharfe, für den Politiker Calvin so bezeichnende Antwort: „Auf meine Bemerkung, David lehre uns durch sein Beispiel die Feinde hassen, sagen Sie, das sei zu der Zeit gewesen, da es unter dem Gesetz der Strenge noch erlaubt gewesen sei, den Feind zu hassen. Nun, Madame, eine solche Auslegung könnte die ganze Schrift umstürzen, und deshalb müssen wir sie meiden wie tödliches Gift... Es ist uns ja tatsächlich gesagt, daß David in seinem Eifer ein Vorbild unseres Herrn Jesus Christus war. Wollten wir nun den, der der Quell alles Mitleids und aller Barmherzigkeit war, an Milde und Freundlichkeit übertreffen, dann wehe uns!" (II 470f.) Aus jedem Worte spricht hier ein leidenschaftlicher Geist, der auch im Angesicht der Wirklichkeit vor dem Äußersten nicht zurückschreckt, sondern hart und fest auf der Forderung besteht, im Eifer für Gottes Dienst keines Widersachers zu schonen, die eigenen Brüder, wenn es sein muß, zu töten (57, 143), allein um Zeugnis dessen abzulegen, que Dieu domine par dessus tout, et qu'il a son degré souverain!

Dies Ideal des von Gott erwählten Menschen, der sich als harter Kämpfer für die göttliche Ehre auf Erden bewährt, bildet bald bewußt, bald unbewußt die Grundlage von Calvins Gedankenwelt. Selbst seine Staatslehre entnimmt dieser Persönlichkeitsvorstellung die wichtigsten Normen und Argumente. Das Bild der vollendeten religiösen wandelt sich dabei leicht zum Ideale der vollkommenen weltlichen Persönlichkeit, ohne daß Calvin jenem Bilde noch wesentlich neue Züge hinzuzufügen brauchte. Am deutlichsten wird dieser Übergang vielleicht an der Konstruktion, die der an geschichtsphilosophischen Durchblicken reiche Kommentar zu Jesaias von der altisraelitischen Richterzeit entwirft. In den machtvollen Gestalten der Richter sieht Calvin sein religiöses und politisches Menschenideal zum ersten und wohl auch zum einzigen Male in der Geschichte voll verwirklicht: Männer sind es, non vulgari virtute praediti — wie dies bereits Plato nach dem Zusatz Calvins von jedem Staatslenker forderte — kurz: heroici ingenii viri, nach dem Terminus technicus des neuen, des Eigenwerts der starken Persönlichkeit bewußten Lebensgefühls, das durch die Renaissance lebendig wurde.[1]) So treten diese Idealgestalten in Gegensatz zu den späteren Königen, die müde und weichliche Gesellen heißen, pueri atque parvuli, molles et effeminati, Menschen, die knabenhaft und jeder persönlichen Würde bar nicht einmal in der nächsten Umgebung Ordnung zu halten wissen, wie der als erster König Calvin so grundverhaßte Saul. „Heroici ingenii viri" also sind es, die Gott sich erwählt; keine müden Weltflüchtigen, keine stillen Gottsucher![2]) In ihnen sieht Calvin den eigentlichen Sinn der Geschichte und die Träger des staatlichen Lebens. So wichtig sind ihm diese Erwählten, daß in all den Ausgaben der Institutio bis 1559 der einzige und doch allein genügende Einwand gegen die monarchische Staatsform bleibt, daß diese, „die die Knechtschaft aller im Gefolge hat mit Ausnahme des einen Mannes, dessen Belieben sie alles unterwirft, heroicis et excellentioribus ingeniis minus olim approbari potuit"![3])

Nicht die Herzensdemut also gilt Calvin als die religiöse und weltliche Kardinaltugend. Sie mag in dem Verhältnis des Menschen zu Gott am Platze sein; den Mitmenschen gegenüber aber trägt der rechte Mann, der in harter Selbsterziehung heranreifte, sein Haupt hoch. Schwer wird es ihm, das biblische Gebot der Feindesliebe zu erfüllen; schwer, die Herrschaft eines einzelnen Mannes über sich zu dulden; am schwersten aber, Schande zu ertragen![4])

Den Wirkungen dieses kraftvollen Menschentums werden wir wieder und wieder begegnen. Seine Stärke beruht darauf, daß die Religiosität und die Persönlichkeit Calvins hier ihren zentralen Berührungspunkt besitzen. Und noch Eines kommt hinzu: Jene

---

[1]) Es ist dies freilich ein damals sehr verbreiteter Gedanke. Auch Luther spricht (worauf auch v. Bezold, Staat u. Gesellsch. des Reformat.-Zeitalters S. 131, hinweist) bisweilen von „Wunderleuten Gottes" und ihren „heroischen" Handlungen. Daß aber nun Calvin aus dieser Zeitidee so viel mehr gemacht hat als Luther, ist eben ein Zeugnis für die Verschiedenheit der ethischen Grundrichtung beider Reformatoren.

[2]) So äußert sich Calvin über das Buch Daniel: „Da kommen keine Philosophen vor, die in Muße und am Schatten geistreich über die Tugend disputieren, sondern die unermüdliche Standhaftigkeit geistlicher Männer und ihr Eifer in der Frömmigkeit ruft uns mit lauter Stimme zur Nachfolge auf!" (II 364).

[3]) Vgl. hierzu die kritische Anlage über den „Zusammenhang des religiösen und weltlichen Persönlichkeitsbegriffs bei Calvin".

[4]) III 7, 6, IV 20, 7 und III 8, 8.

Vorliebe für das Ideal des „heroicum ingenium" in Verbindung mit der Berufung auf Plato zeigt, daß Calvin an diesem Punkte seines Denkens — und zwar, wie es scheint, in nennenswerter Weise hier allein — seiner humanistischen Jugend, von der er meist sogar zu sprechen verschmähte, doch nicht gänzlich vergaß, sondern ein Element humanistischer und renaissancemäßiger Gesinnung mit seiner später errungenen Religiosität lebenslang zu vereinen wußte![1]) Sein zugleich religiös und realistisch gefärbter Individualismus schöpfte damit wenigstens in dieser einen Hinsicht aus dem ihm sonst so fremden andern großen Quell der Neuzeit: aus der geistigen Welt der Renaissance. Vielleicht hat dieser Anteil gerade die Wirkung von Calvins Ideal religiösen Menschentums auf die staatlich-politische Sphäre, der wir uns nunmehr zuwenden, noch verstärkt.

---

[1]) Einen humanistischen Einfluß auf Calvins „religiös motivierte und umfassend organisierte sittliche Aktivität, wie sie in dem Kreise der lutherischen Reformation zunächst nicht erreicht worden ist" (zu diesem mit unserer Darstellung übereinstimmenden Ergebnis gelangt also auch Seeberg trotz seiner von Troeltsch völlig abweichenden Gesamtbeurteilung der Reformation und der einzelnen Reformatoren!), stellt Seeberg, Dogmengesch. IV, 2²/₃, S. 562, ebenfalls fest, freilich ohne eigene Belege, nur unter Verweis auf Beyerhaus.

3.

Staat, Evangelium und „Ewiges Recht".

Es sind nicht irgendwelche bestimmt formulierte theoretische Lehren, die man als den eigentlich fruchtbaren Kern von Calvins politischer Gedankenwelt ansprechen dürfte. Die neue Wendung, welche die überlieferte christliche Kulturanschauung bei ihm fand, entnahm ihre Eigenart und Kraft vielmehr nur jener besonderen Stellung zum sozialen Leben, von der im vorigen Abschnitt die Rede war. Die gleichen Beweggründe, die dort das Ideal der tätig wirkenden prädestinierten und „heroischen" Persönlichkeit entstehen ließen, mußten den Reformator in der Welt des Staates zu einem zukunftsfreudigen Optimismus führen. Man darf sich freilich durch die äußeren Eigentümlichkeiten der calvinischen Terminologie, die naturgemäß an die alten christlichen Vorstellungen von „Sündenstand" und natürlicher Verderbnis des Menschen anzuknüpfen liebt, nicht irre machen lassen. In solchen Wendungen wirkt das Erbe jahrhundertelanger Überlieferung fort; aber auch in der Sprache der Tradition vermag sich der besondere Geist Calvins nicht zu verleugnen. Er tritt bei einem Vergleich mit Luther, von dem Calvins reformatorische Überzeugungen ja sonst so stark abhängig sind, sogleich hervor.

Mit welchem tiefen Pessimismus hatte Luther doch das staatliche Leben betrachtet! Wie wenig konnten Staat und äußeres Gesetz für seinen innerlichen Glauben auch bedeuten! So konnte er noch in seiner freiesten Schrift über staatliche Dinge die Fürsten Gottes Widersacher heißen, die als Herrscher einer von Natur gottfeindlichen Welt („die wellt ist Gottis feyndt") gegen das Evangelium „toben und narren" müßten, um „ihrem Titel und Namen genug zu tun."[1]) Nun hat zwar Luther für die Verteidigung des Staates gegen die Ansprüche von Klerus und Kirche bisweilen auch ganz andere Worte gefunden, ja mit Stolz von sich

---

[1]) „Von weltlicher Obrigkeit". W. A. 11, 267.

gerühmt, als Erster die Obrigkeit als „Gottis eygentlich werck, ordnung und creatur" erfaßt und der Welt als „der Vernunft höhest werck" und „nützlichst Amt auf erden" geschildert zu haben.[1]) Aber bei den großen politischen Entscheidungen gab schließlich zuletzt doch immer jener andere Luther den Ausschlag, der im irdischen und staatlichen Dasein vor allem die Sünde sah. Es war kein Zufall, daß er es gerade in einer so wichtigen Schrift wie der soeben herangezogenen „Von weltlicher Obrigkeit" als seine Überzeugung aussprach, daß ein kluger Fürst seit Anbeginn der Welt ein seltener Vogel sei, ein frommer Fürst aber gar ein noch viel seltenerer!

Wie anders klingen Calvins Äußerungen über den Staat im Schlußabschnitt seiner Institutio, der in gedrängter Kürze ein Bild seiner Staatslehre entrollt. Der positive Wert des Staates ist es, auf den hier aller Nachdruck fällt. Nicht durch menschlichen Aberwitz — humana perversitate —, heißt es hier, sei die weltliche Obrigkeit in ihr Recht getreten, sondern durch Gottes fürsorglichen Willen. In immer neuen Wendungen wird daher der Staat gepriesen als Gottes heilige Ordnung (sancta Dei ordinatio et donum ex eorum genere, quae mundis munda esse possunt), als ein Beruf (vocatio), non modo coram Deo sancta et legitima, sed sacerrima etiam et in tota mortalium vita longe omnium honestissima. So soll man denn den Staat, wie Calvin es einmal anderswo formulierte, nicht bloß als Gottes Werk hinnehmen, in das man sich nun einmal schicken muß, sondern von Herzen bejahen und verehren soll man ihn als Gottes herrliches Werk, „als dessen Schöpfer er anerkannt und gepriesen sein will." (59, 64). Wenn aber nun diese so planvoll für das menschliche Wohl bestimmte göttliche Gabe dennoch gelegentlich zu Unterdrückung und Gewalttat führt? Auch dann darf man das göttliche Geschenk nicht selbst anklagen, sondern muß sein Versagen für eine Folge menschlicher Sünde halten und wissen, daß die von Gott gestiftete Ordnung viel zu segensreich ist, als daß sie je durch Menschen-Bosheit in ihrem Wesen verändert werden könnte![2])

* * *

[1]) Vgl. die Belegstellen bei Seeberg, Dogmengesch. IV, 1²/₃, S. 261, und bei Holl, Luther u. d. landesherrliche Kirchenregiment, 1911, S. 27.

[2]) 80, 267 und 81, 130: „L'ordre que Dieu a establi" ist ein so segensreiches Geschenk, „que ne peut estre iamais violé par la malice des hommes."

Es sind nun, sofern wir richtig sehen, vornehmlich zwei große Hauptmotive von Calvins Staats- und Sozialanschauung, in welchen dieser Geist religiöser Weltbejahung genaueren Ausdruck findet. Hatte die Prädestinationslehre das Wesen der vollkommenen religiösen Persönlichkeit in einer doppelten Hinsicht gesucht: in ihrer Bestimmung für große religiöse Aufgaben auf Erden und in ihrem unmittelbaren Verhältnis zu Gott, so läßt Calvin dieselben Merkmale auch für das recht verfaßte Gemeinschaftsleben gelten. Auch alle sozialen und staatlichen Institutionen des Lebens gewinnen durch die positive religiöse Bestimmung, die ihnen als irdischen Mächten im göttlichen Weltplane zufällt, und durch die unmittelbare Verbindung mit Gott, in welcher sie seit ihrer Begründung unauflöslich stehen, einen besonderen, unvergleichlichen Wert.

Die ganze soziale Ordnung des Lebens und darum vor allem der Staat ein göttliches Geschenk an die Menschheit, mit der Bestimmung, zu einem idealen, gottgewollten Zustande heranzureifen und hohe Pflichten zu erfüllen gegen Kirche und Religion: diese Überzeugung ist also das eine wichtige Grundmotiv der calvinischen Staatsanschauung. Von Luthers Stellung zum staatlichen Leben weicht diese Auffassung in ganz der gleichen Weise ab, wie die calvinische Kirchenlehre von der lutherischen. Aus dem bekannten Verhältnis der beiden reformatorischen Kirchen läßt sich daher auch für die Beurteilung der Staatsanschauungen manch ein Fingerzeig gewinnen. Der wichtigste Unterschied der Reformatoren ist dabei der folgende.

Für die weltüberwindende Glaubensinnerlichkeit Luthers war es stets das Hauptanliegen gewesen, die „unsichtbare Kirche“ der wahrhaften Christen von der „sichtbaren“ scharf zu scheiden, die wegen ihrer irdischen Unvollkommenheit auch die Lippenchristen und Sünder umschließen muß. Auch Calvin wußte um diesen Gegensatz, aber anders als Luther schien ihm die irdisch-sichtbare Institution der Kirche auch vom Standpunkte des höchsten religiösen Ideales aus trotz ihrer Unvollkommenheit nicht relativ gleichgültig und „bloß“ menschlich zu sein. Im Gegenteil, sie verkörpert nach seiner Überzeugung gerade in ihrem irdischen Gewande, sofern sie recht verfaßt ist, einen hohen positiven religiösen Wert; es ist ihre göttliche Bestimmung, das „Königreich Christi auf Erden“ zu verwirklichen. So werden ihr weitere Ziele gesteckt, als bloß ihren Gliedern Bibelwort und Sakrament darzubieten: Calvins Kirche ist wieder gleich derjenigen des Mittelalters eine Institution von eigenem absolutem Wert. Aber welch andere Hingebung und Anspannung als die „bloß" irdische Kirche Luthers vermochte nun diese „Braut Christi, die ohne Flecken und Makel sein soll" (IV 1, 1), inmitten einer konfessionell-religiösen Welt zu erwecken. Kein Wunder, daß sie in ihrer Wirkung Schritt für Schritt aus einer „Heilskirche" zu einer „Heiligungsanstalt" geworden ist.[1])

Fast mit denselben Worten läßt sich der Unterschied des lutherischen und calvinischen Staates charakterisieren. Luther hatte einen religiösen Wert dem Staate nur insofern beigemessen, als dieser nötig ist, das kleine Häuflein wahrer Christen, die mit ihren Waffen des Geistes und der Liebe ohne solche Hilfe gegen die Überzahl der Bösen wehrlos blieben, gegen Gewalttat zu schützen und so die äußeren Voraussetzungen für ein gottgefälliges Leben zu verbürgen. Doch über diese negativen Dienste für Kirche und Religion, die nur Raum für freie Selbstentfaltung schaffen sollen, gehen die Aufgaben der lutherischen Obrigkeit nicht hinaus. Wenn man davon absieht, daß das obrigkeitliche Amt in dem Sinne einen Gottesdienst darstellt, wie auch jeder andere Beruf ein solcher ist, so wird es nur deshalb für die Religion wichtig, weil es „Frieden hält unter den Leuten, ohne welchen man [das Evangelium] nicht predigen könnte."[2]) Oder mit anderen Worten, wie Karl Holl es treffend ausdrückt: Der Staat ist Luther eine Ordnung Gottes, sofern er — und zwar nur sofern er, fügen wir hinzu — „mittelbar, als Damm gegen die rohe Gewalt, zur Erhaltung des Evangeliums und des Reiches Gottes beiträgt."[3])

In der Anschauung Calvins dagegen fällt dem Staate, gleich der Kirche, nur auf anderem Gebiete, neben der nega-

[1]) Diesen Unterschied zwischen dem calvinischen und lutherischen Kirchenbegriff, nämlich „daß reformierterseits viel weniger scharf zwischen der sichtbaren und unsichtbaren Kirche geschieden wird als lutherischerseits", arbeitet am markantesten heraus: Karl Rieker, Grunds. reformierter Kirchenverfassung, 1899, S. 60ff. — Ähnlich Seeberg, Dogmengesch. 611ff.; in Calvins Institutio der Abschnitt IV, 1, 1f.

[2]) W. A. 23, 514. — Auch die oben herangezogene Stelle aus der Schrift „Von weltlicher Obrigkeit" beschreibt die Aufgaben der Fürsten nur folgendermaßen: „Sie sind Gottis stockmeyster und hencker, und seyn gotlicher zorn gebraucht yhr, zů straffen und eußerlichen fride zů hallten."

[3]) Ges. Aufs. zur Kirchengesch. I, 1921, S. 367.

tiven Aufgabe des Schutzes noch eine wichtigere positive zu. Wie die Kirche bestimmt ist, durch rechtmäßige Verfassung und lauteren Wandel ihrer Glieder eine große göttliche Forderung zu erfüllen, so legt die „Ehre Gottes" auch jedem Volke die religiöse Verpflichtung auf, am Aufbau des recht verfaßten Staates, des „rectus in mundo principatus", mitzuwirken (59, 664). Wie dort die Kirche gibt hier der Staat jedem Erwählten, der durch soziale und rechtliche Stellung nur irgendwie dazu berufen scheint, die unschätzbare Gelegenheit, in der Arbeit für das öffentliche Wesen und damit mittelbar für Gott selbst die besten Kräfte zu erproben und die Erwählung zu beweisen. Gleich der Kirche gewinnt so auch der Staat einen absoluten Wert, wird geradezu zum Selbstzweck, freilich nicht im modernen Sinne, sondern dadurch, daß er wieder wie in früheren Jahrhunderten in die höchsten hierokratischen Forderungen einbegriffen wird. Im Laufe der Entwicklung hat dann diese religiöse Staatsbejahung, unter veränderten geistigen Voraussetzungen, leichter zu einer rein weltlichen Bejahung überzuleiten vermocht als Luthers Lehre, die den Staat sogleich weltlicher, dadurch jedoch jener religiös gestimmten Zeit auch gleichgültiger machte. Diese Verhältnisse werden bei der Darlegung der engeren Staatslehre Calvins noch oft berührt werden; wir können es uns deshalb hier ersparen, einzelne Beispiele vorzulegen. Zunächst führt die Idee, die Ehre und Autorität Gottes verlange als Selbstzweck eine bestimmte Verfassung von Kirche und Staat, zu dem

zweiten Hauptmotiv von Calvins Staats- und Soziallehre: seiner Behauptung eines unmittelbaren Verhältnisses Gottes zur Entstehung und Fortentwicklung der großen sozialen Institutionen.

An den Äußerungen der Reformatoren über den Ursprung des Staates wird es besonders deutlich, wie sich hinter scheinbar sehr ähnlichen Formulierungen oft stark von einander abweichende Anschauungen verbergen können. Luther und Calvin erklären mit den gleichen Worten, daß der Staat „von Gott" sei; Luther nennt ihn Gottes „eygentlich werck", Calvin seine „sancta ordinatio". Aber in Wirklichkeit drücken sich nun in dieser Formel zwei sehr verschiedene Theorien über die Herkunft des christlichen Staates aus. Einig sind sie sich zwar in der Voraussetzung, daß jede staatliche Ordnung aus den Erfordernissen des Sündenstandes stamme. In derjenigen Frage aber, auf die es für die Beurteilung des religiösen Werts des Staates vornehmlich ankommt, in der Auffassung der göttlichen Mitwirkung an der konkreten Bildung politischer Ordnung, gehen die Meinungen auseinander. Luther glaubte, der Staat sei aus den natürlichen Bedingungen des Sündenstandes, aus der bloßen Not des Lebens von selbst entstanden, und Christus habe den Bestand der Obrigkeit, die er schon vorfand, zwar gebilligt, soweit sie nur dem Evangelium nicht widerstreite, eine so rein „menschliche" Institution aber nicht selbst geschaffen oder eingesetzt.[1]) Und wenn er die Notwendigkeit, staatliche Ordnung aufzurichten und zu ertragen, gelegentlich den Funktionen des Essens, Trinkens und Ehelichwerdens gleichsetzte, so lag auch diesem Vergleich die Anschauung zugrunde, das staatlich-politische Leben stünde nicht tiefer aber auch nicht höher als diese Triebe und Begierden, die nach der reformatorischen Auffassung etwas „Nur-Menschliches" sind, d. h., wenn auch an sich nicht sündig, so doch im empirischen Menschen unabänderlich verderbt und jedenfalls ohne unmittelbaren religiösen Wert.

Ganz andere Konsequenzen ergeben sich aus der Art, wie Calvin den Ursprung des Staates denkt. Wenn auch er erklärte, alle Zwangsordnung stamme aus dem Sündenstande, so sah er in diesem doch gleichsam nur die „conditio sine qua non" der Staatsentstehung, nicht wie Luther die alleinige „causa". Hatte nämlich dieser mit der Ausdrucksweise, die Obrigkeit sei Gottes „werck", nicht ihre unmittelbare Einsetzung durch Gott, sondern nur eine mittelbare göttliche Mitwirkung an einem an sich irdischen Vorgange behaupten wollen im Sinne der spätscholastischen Lehre von Gott als der „causa remota" der irdischen Geschehnisse, so stand Calvin der Annahme einer so rein weltlichen Staatsbildung ferner. Wenn er sich auch darüber grundsätzlich nicht des näheren ausgelassen hat, so darf man doch behaupten, daß er viel unbedenklicher als Luther die eigentliche „causa" in der „ordinatio Dei" — eine Wendung, die bei ihm in zahllosen Varianten wiederkehrt —, d. h. im unmittelbaren Eingriff Gottes in den natürlichen Ablauf des Geschehens sah. Vom Stand-

[1]) Briefe ed. de Wette II, 24: „Cum Christus in Evangelio res divinas et coelestes instituere debuerit, quid mirum, si gladium non instituerit, qui ab humanis creaturis facile ordinari potest, et interim sic eum tractet, ut, nisi Evangelio repugnaret, eum a se institui, vellet instituere, dum commendat et confirmat institutum." — Für das Folgende die Belege bei Seeberg 261.

punkte des modernen Staatsdenkens aus betrachtet, bedeutet auch diese Auffassung keinen Fortschritt, sondern eher einen Schritt hinter Luther zurück. Für das Weltbild des Konfessionellen Zeitalters aber mußte der Staat durch eine solche enge Verbindung mit dem göttlichen Willen wiederum an Verehrung und an religiöser Bedeutung gewinnen. Gerade weil Calvins Staat, obschon eine „Folge" des Sündenstandes, doch zugleich unmittelbare Stiftung Gottes — ein ordo a Deo institutus — ist und jeder Gläubige der Überzeugung lebt, daß Gottes enge Verbindung mit seinem „einzigartigen" Werke, „von dem er nie getrennt sein will" und dessen sorgender und fordernder Oberherr er zu allen Zeiten bleibt (77, 637), noch in der Gegenwart fortdauert, erscheint das staatliche Dasein als so heilig und von so hohem Wert.

Ein Vergleich mit Calvins Kirchenlehre zeigt, daß die gleiche Vorstellung auch in dieser wiederkehrt, also ein durchgehendes Motiv seines Sozialdenkens bildet. Auch Calvins Kirche, die sichtbare Kirche also, steht mit Gott in einer so engen Beziehung, daß nicht nur die Kirche als Ganzes, sondern selbst ihre Verfassung — die Ordnung ihrer einzelnen Ämter, der Doktoren, Pastoren, Presbyter und Diakonen — durch Stiftung Christi auf göttlicher Offenbarung beruht. Unmittelbare göttliche Stiftung bis in die Einzelheiten des Aufbaus hinein ist gleich der Kirche nun auch der Staat. Ist jene von Christus gestiftet, so dieser von Gott selbst durch den Bund, den er mit seinem „auserwählten Volke" schloß und den das ganze staatlich-politische Geschick des alten Israel bezeugt. Der altisraelitische Staat und vornehmlich die theokratische Republik der Richterzeit — diese Bezeichnung käme Calvins Auffassung am nächsten! — wurden so zum „goldenen Zeitalter", zum geschichtlichen Muster und Maßstab für alle Sozial- und Staatslehren des Reformators. Wenn schon der rectus principatus aller Zeiten ein unvergleichliches Werk Gottes ist, als welch besonderes Geschenk muß man dann erst jene vorbildliche Verwirklichung eines göttlichen „sacrum regnum" auf Erden (59, 664) auffassen und benutzen! Selbst alle Einzelheiten des staatlichen Lebens haben in diesem Muster ihre ein für allemal gültige Regelung gefunden. Verständlich, daß auch dieses Motiv in den einzelnen Problemen von Calvins Staatslehre oft als ein wichtiges Argument erscheinen wird.

* * *

Wir haben die Motive, die für Calvins Stellung zum sozialen Leben charakteristisch sind, bisher gewissermaßen induktiv durch einen Vergleich seiner Schriften mit denen Luthers gefunden. Es bleibt die Frage, welche Bedeutung dem Calvinismus, wie ihn der Reformator selbst vertrat, in der großen Entwicklungslinie des christlich-reformatorischen Staatsdenkens zukommt. Indessen fällt eine solche Beurteilung nicht leicht. Mit Absicht haben wir bisher nur von „Motiven" und nicht von „Lehren" Calvins gesprochen: Wie schon hervorgehoben, dachte er gerade in den grundlegenden Fragen viel zu unsystematisch und unrational, als daß er von den lebhaften Anschauungsbildern, in welchen sein persönlichstes Gefühl sich widerspiegelte, zu planen rechtstheoretischen Formulierungen fortgeschritten wäre, welche man ohne weiteres mit denjenigen der Staatsrechtler und Philosophen vergleichen könnte. So bleibt nichts übrig, als zunächst unsern Ausgangspunkt bei den dauernden, allen christlichen Staatslehren gemeinsamen Grundproblemen zu suchen, um erst darauf von diesen Calvin selbst nicht klar bewußten Gesichtspunkten aus auch ihm seinen Platz im Strome der Gesamtentwicklung zu bestimmen.

Schon wiederholt ist in unserer Betrachtung die Kernfrage aller christlichen Staatslehren angeklungen: die Schwierigkeit, vor den Forderungen der weltabgewandten Sittlichkeit des Neuen Testaments die harten Notwendigkeiten des staatlichen und sozialen Lebens zu rechtfertigen. Staatsflüchtig und gesellschaftsfeindlich blieb daher das frühe Christentum, solange es das Ideal der Bergpredigt ungemindert ins Leben überführen wollte. Indem nun diese Denkungsart einen Bund einging mit dem philosophisch fundierten „Naturrecht" der stoischen Lehre, dessen „ewige" Rechtsnormen als Frucht der sinkenden Antike ebenfalls von Staat und Krieg nichts wissen, verbreitete sich in der abendländisch-christlichen Welt der unerschütterliche Glaube an ein ewig gültiges göttliches wie menschliches Recht, das Freiheit, Gleichheit und Gemeinbesitz umfaßt, staatliche Zwangsgewalt und Kriege aber ausschließt.[1]) Man kennt die Rolle, die dieses

[1]) Die bisherige Literatur über das Problem des „christlichen Naturrechts" und des „absoluten Rechts" der christlichen Staatslehren, dem die folgende Skizze gewidmet ist, zeigt so stark voneinander abweichende Ergebnisse, daß es unmöglich scheint, während des Folgenden im einzelnen darauf einzugehen. Wir verweisen hier deshalb auf die Anlage II, die den

kommunistisch-anarchistische Ideal in allen sektiererischen Bewegungen, welche dem Evangelium ohne Kompromisse ins Leben Eingang zu verschaffen suchten, bis in die neueren Jahrhunderte hinein gespielt hat. Die offizielle katholische Kirche, die Staat und Kultur nicht zu zerstören, sondern sich einzuordnen strebte, mußte sich solchen radikalen Folgerungen widersetzen. Zwar ist ihr Mißtrauen gegen den Staat als ein sündiges Produkt roher Gewalt, das mit Christi Gebot unvereinbar bleibt, bis in die Zeiten der hohen Scholastik hinein nie ganz geschwunden. Aber je mehr in ihr eine neue positive Stellung zur Kultur an Raum gewann, die später zur Grundlage des hierokratischen Zeitalters wurde: die Idee eines Stufenbaus von Natur, Kultur, Sittlichkeit und göttlicher Offenbarung, worin die evangelische Vollkommenheit nur die höchste Gnade und Vollendung einer Ordnung bildet, auf deren niederen Stufen auch das Diesseits und der natürliche Mensch Rechtfertigung finden —, desto mehr wurde auch dem staatlichen Leben eine relative Schätzung und Würdigung zu teil.

In der Staatslehre jener Zeit findet diese neue Kulturanschauung, die das irdische Leben dem überirdischen religiösen Ideale einzuordnen weiß, ihren Ausdruck durch die Anerkennung eines „relativen" Naturrechts, das eine Anpassung des „absoluten" an die Erfordernisse der Wirklichkeit darstellt und darum Eigentum, Staat, Rechtsgewalt und Krieg als unentbehrlich wenigstens für irdische Verhältnisse anerkennt.[1]) Vorgebildet war die Lehre längst in der römischen Jurisprudenz. In dieser wurde zum mindesten seit Anfang des 3. Jahrhunderts — seit Ulpian — geschieden zwischen einem „ius naturale", das Freiheit, Gleichheit und Familie umfaßt, und einem „ius gentium", das in Eigentum und Kauf, Staat und Krieg usw. dauernde Grundlagen der einzelnen Rechtsregeln sucht und damit eine Brücke

---

Versuch macht, die im Texte vertretenen Leitgedanken an die frühere Forschung anzuknüpfen.

[1]) Übersichtliche und knappe Zusammenfassungen der Entwicklung der Auffassung vom absoluten, relativen und positiven Recht für die Zeit von der Patristik bis zur Hochscholastik bieten: Gierke, Joh. Althusius u. d. Entwickl. der naturrechtl. Staatstheorien, 2. Aufl. 1902, S. 264ff. und Das deutsche Genossenschaftsrecht III, 610ff.; ferner Fr. Kuhn, Die Probleme des Naturrechts bei Thomas von Aquino. Münchener philos. Diss. 1909, S. 10ff.

zum positiven Rechte, zum „ius civile", schlägt. Diese Stufung der Rechtsprinzipien wurde nun von der Patristik, der es nahe lag, das naturrechtliche Ideal in Eins zu setzen mit den Forderungen der Evangelien, übernommen, durch Isidor von Sevilla im 7. Jahrhundert in ihre für die Folgezeit maßgebende Form gekleidet[1]) und schließlich durch die Aufnahme in das kanonische Recht, ins Decretum Gratiani, zur offiziellen Lehre der Kirche erhoben. So findet sie sich denn auch bei den meisten Vertretern der Hochscholastik, am durchgebildetsten bei Thomas von Aquino. Für diesen gibt es eine einheitliche Stufenfolge, beginnend beim „ius divinum" — das der lex gratiae, also dem Gebote Christi entspricht und deshalb buchstäblich nur für denjenigen gilt, der die unheilige Welt verläßt und als Mönch Christo nachfolgt — hinabsteigend zum „ius naturale" — das die natürlichen Rechtsverhältnisse, soweit sie allen lebenden Wesen gemeinsam sind, hinzufügt — und schließlich zum „ius gentium", dem eigentlichen Erzeugnis der Vernunft, die auch die Folgen der menschlichen Anlagen und Handlungen in ihr Raisonnement einbezieht und aus ihnen nachweist, daß es Herrschende und Gehorchende geben muß.

Daß spätere Staatslehren dann gar noch weiter zwischen einem „ius gentium primaevum" und einem „ius gentium secundarium" geschieden haben, braucht uns im einzelnen nicht mehr zu kümmern. Die allgemeine kulturgeschichtliche Bedeutung, die dieser ganzen Rechts- und Staatsbegründung zukommt, erschöpft sich in den Merkmalen, die allen jenen Lehrsystemen, mochten sie im einzelnen ihre Bestimmungen fassen, wie sie wollten, gemeinsam sind: Sie alle vertreten nicht nur die Überzeugung, daß es ein ewiges Recht gebe, das jeder positiv-gesetzlichen Regelung bindende Normen vorzuschreiben vermag — ein „ius aeternum" im Gegensatze zum bloßen „ius temporale", wie schon Augustin

[1]) Es mögen daher Isidors Hauptdefinitionen hier folgen: Ius naturale est commune omnium nationum, et quod ubique instinctu naturae, non constitutione aliqua habetur, ut viri et feminae coniunctio, liberorum susceptio et educatio, communis omnium possessio et omnium una libertas, acquisitio eorum, quae in coelo, terra marique capiuntur. Item depositae rei vel commendatae restitutio, violentiae per vim repulsio. — Ius gentium est sedium occupatio, aedificatio, munitio, bella, captivitates, servitutes, postliminia, foedera, paces, iudiciae, legatorum non violandorum religio, connubia inter alienigenas prohibita, et inde ius gentium, quod eo iure omnes fere gentes utuntur.

unterschieden hatte —, sondern sie sind auch alle fähig, von diesem absoluten Ideale aus zur andersartigen Welt der Staats- und Rechtswirklichkeit Brücken zu schlagen, und zwar deshalb, weil ihre höchsten Rechtssätze dank jener Stufenlehre, die auch die irdisch-niedere Sphäre zur Geltung kommen läßt, ebenso sehr an kritische Vernunft wie an göttliche Offenbarung anknüpfen können. Ein wissenschaftlich-naturrechtliches Beweisverfahren, das freilich nur auf die staatliche, nicht auf die kirchliche Macht Anwendung finden darf, ist daher für die Staatslehre der katholischen Scholastik charakteristisch.[1]) Wenn man es in der Theorie daneben auch für nötig hielt, das bloße Recht der Natur mit der göttlichen Offenbarung dadurch doch wiederum in nahe Beziehung zu bringen, daß man die leitenden Ideen der lex naturalis durch die Hauptgebote der lex Mosis, d. h. vor allem durch den Dekalog bestätigt werden ließ, so will es uns doch scheinen, daß diese Verbindung von Naturrecht und Bibel damals trotz ihrer Verbreitung in der Hauptsache mehr eine Angelegenheit der philosophisch-theologischen Spekulation geblieben ist. Für die Praxis des politischen Lebens jedenfalls wagte man es mehr und mehr, diejenigen Bestimmungen des „ewigen“ Rechts, die für das wirkliche Staatsleben wichtig wurden, in erster Linie den aus der Antike übernommenen Methoden der Vernunft zu unterwerfen. Es ist bekannt, daß schon in früher Zeit auf diese Grundlagen praktisch wirksame Lehren einer Volkssouveränität und Widerstandsrechte der Untertanen begründet wurden, daß die weltliche Staatsbetrachtung späterhin im 14. und 15. Jahrhundert immer weitere Kreise zog und daß sich zuletzt die politische Theorie der Renaissance fast unvermerkt mit diesen Vorläufern verband. Fast will es demnach scheinen, als ob der Strom antik-wissenschaftlichen Staatsdenkens seit den Tagen der Scholastik in einem einzigen einheitlichen Bette fortgeflossen sei, dem schließlich in der Aufklärungsepoche als ein letztes Stück seines Laufes auch die moderne naturrechtliche Staatslehre angehörte. Und doch: Sobald man bedenkt, daß ja in Wahrheit die Entstehung des modernen Naturrechts mit dieser Entwicklung der europäischen Staatslehren keineswegs unmittelbar zusammenhängt; daß vielmehr das Naturrecht gerade inmitten der großen Kämpfe der Konfessionen, zumal im calvinisti-

---

[1]) Über diese Entwicklung einer „von der Antike beeinflußten philosophischen Staatslehre“ im „Mittelalter“ vgl. bes. Gierke, Althusius 63ff.

schen Lager, seine Ausbildung fand, während die wissenschaftliche Staatslehre der Renaissance die Frage nach dem „ewigen“ Rechte längst durch einen naturalistisch gefärbten Macchiavellismus verdrängt zu haben schien —: so kann man sich der Einsicht nicht verschließen, daß dieser ganze große Zweig des europäischen Staatsdenkens schließlich doch nur einer von den Quellflüssen der modernen naturrechtlichen Staatsanschauungen gewesen ist (so vornehmlich für die an die ältere Tradition anknüpfenden katholischen Denker!), daß es daneben aber auch noch andere, nicht minder wichtige Quellen geben muß, die aus der Gedankenwelt der Reformation und des Konfessionellen Zeitalters herkommen. So wird es denn die für unsere Problemstellung entscheidende Frage, ob die Reformation die angedeutete Verweltlichung der Staats- und Kulturanschauung weiter Kreise des 14. und 15. Jahrhunderts ihrerseits noch bestärkte — wie man es ja im allgemeinen aufzufassen pflegt — oder ob sie von ihrem veränderten Ausgangspunkte aus die alten hierokratischen Tendenzen neu lebendig machte.

Man muß sich da von vornherein im klaren sein, daß die Reformation in dieser Hinsicht keine Einheit bildet. Wie eng zusammengehörig die Reformatoren auf rein religiösem Gebiete auch erscheinen mögen, so weichen sie in ihrer Stellung zum sozialen und staatlichen Leben doch grundlegend von einander ab. Immerhin, die allgemeinen kulturellen Voraussetzungen wenigstens waren für Luther wie für Calvin die gleichen, und auch in ihrer Auffassung des Verhältnisses von göttlichem und natürlichem Recht mußte sich dies in einer grundsätzlichen Übereinstimmung gegenüber den katholischen Gepflogenheiten geltend machen. Für beide Reformatoren war es nach der Beseitigung des mittelalterlichen Stufenbaus der Kultur und Sittlichkeit unmöglich geworden, in der irdischen Sphäre des sozialen Daseins eine rein weltliche Staatslehre aufzubauen, die durch jene Ordnungsstufen der Welt hindurch mit dem göttlichen Bereiche schließlich doch in einer inneren Beziehung stand. Wollte man auch jetzt noch den Staat unter überwiegend weltlichen Gesichtspunkten betrachten, so erschwerte sich die alte Aufgabe, das rein irdische Naturgebilde des Staates auch unter den veränderten Verhältnissen mit dem religiösen Zentralinteresse in eine innere Verbindung zu bringen. Wenn man den Staat hingegen unmittelbar als Teil von Gottes Weltregierung zu erfassen suchte, so entstand die nicht minder große Schwierigkeit, die göttlichen Gebote, die man jeweils für das Wirken in der unheiligen Welt des Staates aufstellen wollte, mit der reformatorischen Grundüberzeugung von der reinen Innerlichkeit aller Religion und mit den Forderungen des Evangeliums in Einklang zu setzen. Um die erste Lösung hat sich Melanchthon bemüht; die zweite hat Calvin gesucht; Luther hat sich für keine folgerecht entschieden. Bei einem jeden von ihnen aber gewannen persönliche Religiosität und Lebensstimmung entscheidenden Einfluß auf das Ergebnis.

Für Luther war die Stellungnahme zur kulturellen und staatlichen Welt, wie man oft hervorgehoben hat, eine Angelegenheit, die dem Wesen seines religiösen Genius ferne lag und die er deshalb am liebsten hierfür Berufeneren, den Staatsdenkern und Politikern, überließ. Rechter Glaube und innerliche Gesinnung: dies allein waren die Güter, um die er selbst gerungen hatte und die er in die Welt verpflanzen wollte. Könnte man sie — so war seine Überzeugung — einmal vollkommen und siegreich machen, „so wäre kein Fürst, König, Herr, Schwert noch Recht not oder nütze." Denn wozu sollten sie dienen? Der Gerechte braucht sie nicht, er tut „von selbst mehr, denn alle Rechte fordern", und kein äußeres Recht, sondern allein „seine Natur gibts, daß er gute Früchte trage."[1]) Es führte eben in der Tat von dem Prinzip der reinen Glaubensinnerlichkeit an sich kein Weg zum politischen Leben. So lag es Luther nahe, den Staat als bloßes Naturprodukt zu betrachten und dabei an die überkommenen naturrechtlichen Ideengänge anzuknüpfen. In der Tat finden sich denn auch, wie man weiß, in seinen Schriften zahlreiche naturrechtliche Wendungen. Und doch ist es zu einer konsequenten naturrechtlichen Begründung des Staates, wie in der Scholastik, bei ihm nicht gekommen. Wie wir vermuten, nicht zuletzt wegen der Gottfremdheit, die das unheilige staatliche Treiben, wie er es vor sich sah, in seinen Augen stets behalten mußte. Deshalb bewahrte die Anwendung rein weltlicher Methoden für ihn stets einen sozusagen herabsetzenden Nebensinn, oder, wie er selbst es ausdrückte: Der Staat schien ihm nur deshalb „der Vernunft unterworfen", weil er „nicht der Seelen Heil noch ewiges Gut, sondern allein leibliche und zeitliche Güter regieren soll."[2])

---

[1]) Wiederum in der Schrift „Von weltlicher Obrigkeit", W. A. 11, 249f.
[2]) W. A. 51, 242.

Und dazu kam nun, daß Luther in seiner gefühlsmäßigen Geringschätzung des empirischen Staates ja keineswegs konsequent verfuhr. Es ist bekannt, daß er die politische Ordnung bei mannigfachen Gelegenheiten doch irgendwie auch in religiöser Hinsicht zu rechtfertigen suchte. Sobald es ihm hierauf ankam, pflegte er aber alle naturrechtlichen Methoden aufzugeben und göttliche Gebote an deren Stelle zu setzen.[1]) Es war sogar sein Bestreben, das natürliche Recht im göttlichen zu verankern, indem er auf den scholastischen Gebrauch zurückgriff, den Dekalog als göttliche Erläuterung der allgemeinen lex naturalis anzusprechen, beide Gesetze also in ihren Hauptsätzen einander gleichzustellen. War diese Identifikation von Naturrecht und Dekalog für die Scholastik, die ja in ihrer Stufenlehre bereits ein Mittel besaß, göttliches und natürliches Recht in eine feste Ordnung zu einander zu bringen, noch ein verhältnismäßig nebensächliches Motiv gewesen, so wurde dieses für das Luthertum — für Luther selbst wie für Melanchthon, der ihm darin voranging — geradezu zu einem Kerngedanken der sozialen und staatlichen Ideenwelt. Durch eine solche Eingliederung der weltlichen Staatslehre ins göttliche Gesetz bot sich eine Möglichkeit, das staatliche Wesen nun doch in einheitlicher Weise und zwar auf eine lex divina zu begründen. Wenn Luther auch diesen Weg nicht konsequent verfolgt hat, so waren es wiederum bestimmte religiöse Überzeugungen, die dies verhinderten. Das Alte Testament spielte in seiner Religiosität eine viel zu geringe Rolle, als daß die Begründung des Staates auf das mosaische Gesetz dem politischen Leben fortreißende religiöse Kräfte hätte zuführen können. War es doch Luthers Überzeugung, der er oftmals Ausdruck gab, daß das Evangelium als ein Gesetz „christlicher Freiheit" das Gesetz des Alten Bundes mit seiner Fesselung an „Person, Zeit, Stätte und Gebärde" völlig aufgehoben habe, weil „die Christen einen solchen Zwang, wie der der Juden war, nicht haben sollen."[2]) In der Tat zog Luther praktische Konsequenzen aus dem Dekalog vornehmlich nur für die Sittenlehre. Im staatlichen Leben dagegen gestand

[1]) Vgl. A. Lang, Reformat. u. Naturrecht, S. 19. Überhaupt wird in dieser Schrift die „Antinomie" (wie Lang es nennt) in Luthers Denken zwischen einer naturrechtlichen und einer biblizistischen Art der Begründung gut beleuchtet.

[2]) „Ein Epistel aus dem Propheten Jeremia von Christi Reich und christlicher Freiheit, ausgelegt." 1527. — Weim. A. 20, 576.

er der lex Mosis eine vorbildliche Stellung für die Gegenwart in keiner Weise zu, sondern wies jede derartige Forderung mit dem Hinweis ab, daß die Juden in der lex Mosis auch nur eine zeitlich bedingte Verfassung gehabt hätten, „gleichwie andere Reiche ihre Ordnungen und Gesetze", wie etwa „die Sachsen den Sachsenspiegel." Bei solcher Beurteilung war auch die lex Mosis nicht imstande, dem Staate Luthers volle innere Rechtfertigung oder gar Weihe zu verleihen. Die Folge ist, daß „naturrechtliche" und „biblizistische" Betrachtungsweise in Luthers Denken unausgeglichen nebeneinander bestehen blieben und keine die Kraft gewann, das ganze staatliche Leben zu durchdringen und es den folgenden Generationen zu einem höchsten Gut und einer heiligen Angelegenheit zu machen.

Ganz andere Ergebnisse waren es, zu denen Melanchthon in seinem Denken über den Staat gelangte. Dem Humanisten wurde es viel leichter als dem Reformator, den Staat in konsequenter Weise vom wissenschaftlich-naturrechtlichen Standpunkte aus anzusehen. Aber auch ihm gelang es nur schwer, von einem rein „natürlich" gefaßten Staatsbegriffe aus zur innerlichen Religiosität des Luther-Glaubens Brücken zu schlagen. Solange er, wie in der ersten Ausgabe seiner „Loci communes" (von 1521) noch versuchte, das ganze protestantische System aus dem Glaubensprinzip allein herauszuspinnen, wurde es ihm überhaupt nicht möglich, die Institution des Staates im genaueren auf den Dekalog zurückzuführen oder auch nur das Dasein einer irdischen Kirchenorganisation recht zu würdigen. Als dann die späteren Ausgaben der „Loci" der staatlich-sozialen Wirklichkeit gerechter werden wollten, da wurde zwar der Dekalog aus einer bloßen lex spiritualis zugleich zur lex naturalis, welche die Argumente für die Verteidigung der staatlichen Zwangsgewalt und gesellschaftlichen Ordnung lieferte, auch trat die sichtbare Kirche, die Ecclesia visibilis, jetzt stärker in den Vordergrund —: aber diese neuen Begriffe stammten nun nicht mehr aus der gleichen Wurzel wie die Glaubenssätze, die den Kern des Werkes bildeten, sondern waren gewissermaßen nur äußerlich neben diese gestellt. Die sichtbare Institution der Kirche wurde jetzt — nach dem Urteil eines neueren Darstellers[1]) — „nicht aus dem Gedanken des un-

[1]) Walter Sohm in seiner akademischen Antrittsvorlesung über „die Soziallehren Melanchthons", abgedr. in Hist. Zeitschrift 115, 1916,

sichtbaren, rein innerlichen religiösen Lebens, sondern aus dem vernunftmäßig erkennbaren Akt der objektiv reinen Worts- und Sakramentsverwaltung" abgeleitet. Entsprechend ward auch der Staat zunächst rein humanistisch-naturrechtlich als weltliches Gebilde aufgefaßt und nur durch jenen, schon bei Luther erwähnten, Rückgriff auf den Dekalog in eine nachträgliche Beziehung zum göttlichen Gesetz gebracht.

So war es Melanchthons weltlicher Staatsbetrachtung gelungen, das eine der bei Luther wirksamen Motive zu einem einheitlich geschlossenen Bilde auszubauen. Doch dessen religiöse Wirkungskraft mußte schon darunter leiden, daß diese Formulierung, die für das Luthertum in Zukunft maßgebend wurde, nicht aus der Hand des Reformators selber, sondern aus der Feder eines gelehrten Humanisten stammte. Vor allem aber konnte diese so durch und durch weltliche Staatsbetrachtung noch weniger als diejenige Luthers (so wichtig gerade sie auch andererseits für die Fortentwicklung der wissenschaftlichen Staatslehre sein mochte!) in einer Zeit des vollen Übergewichts der religiösen über die staatlichen Interessen den Staat zu einer volle Hingebung fordernden Lebensmacht erheben noch gar einen Glauben an den Wert bestimmter Verfassungsformen erwecken. Die Folge war eine aller staatlichen Fortentwicklung abholde Autoritätsgesinnung, deren Hauptanliegen es wurde, Bestehendes zu verteidigen. Man darf daher, wennschon mit einiger unvermeidlichen Übertreibung, behaupten: Weder eine unbedingte Staatsbejahung, wie sie später (nunmehr in rein weltlichem Gewande) für die moderne Welt charakteristisch wurde, noch die freiheitlichen Naturrechtslehren der monarchomachischen Epoche und der Aufklärungszeit vermochten in dieser lutherischen Welt einen fruchtbaren Boden zu finden!

Wenn man von Luther und Melanchthon zu Calvin hinübertritt, so ist es, als ob dieser den Knoten, den zu entwirren die anderen christlichen Konfessionen so viel Mühe aufwandten, mit einem jähen Schlag zerhauen habe. Wir hatten schon bei der Betrachtung von Calvins Religiosität zu der Beobachtung Gelegenheit, daß sich bei ihm die breite Kluft, welche die sittliche Forderung der Evangelien von dem unheiligen Treiben des Staates

S. 75. — Auf die feine Analyse der verschiedenen Ausgaben der „Loci communes", die diese Arbeit bietet, sei zur genaueren Begründung des oben Ausgeführten besonders hingewiesen.

trennt, deshalb zu einem schmalen, leicht überbrückbaren Spalt verengen kann, weil das Wesen des Prädestinierten, wie Calvin es fordert, bereits als Selbstverständlichkeit in sich faßt, was die lex Christi sonst gerade auszuschließen schien: die Freude am Wirken und Kämpfen in den als wertvoll anerkannten Lebensordnungen des Staats und der Gesellschaft. Einen ähnlichen Schritt wie in der Religiosität und Ethik tat Calvin in seiner Staats- und Rechtslehre, natürlich nicht minder unbewußt als dort und ohne klare Einsicht in die Abweichung seiner Interpretation der Bibel von derjenigen der anderen christlichen Konfessionen. Auch in der Staatslehre hob Calvin den Gegensatz, zwischen einem höchsten Rechtsideale, das von Staat und Zwangsgewalt nichts weiß, und den Erfordernissen des Lebens unvermeidlich klafft, von vornherein durch seine Überzeugung auf, die Offenbarung Gottes selber biete, wenn sie nur recht verstanden werde, grundlegende Bestimmungen für das soziale und staatliche Dasein und schreibe diesem sogar seine Ordnung bis in die Einzelheiten seines Aufbaus vor.

Ein rechtlich gefaßter Ausdruck dieser Anschauung ist jene Lehre Calvins von der unmittelbaren Verbundenheit Gottes mit den großen irdischen Institutionen. Als das für sein Denken charakteristische Mittel aber, die staatliche Welt direkt als einen Teil des göttlichen, nicht nur des natürlichen Gesetzes zu begreifen, erscheint seine Anerkennung des Alten Testaments als letzter Autorität und Quelle aller staatlichen Rechtsbegründung. Nun hat Calvin ja freilich die Berufung auf eine legislatorische Tendenz des Dekalogs sowie die Gleichsetzung der zehn Gebote mit den Leitsätzen des natürlichen Rechts mit Luther und Melanchthon gemein[1]). Doch dieser formale Rückgriff auf den Dekalog ist es gar nicht, was für Calvin charakteristisch scheint. Was hätte sich aus dem Wortlaut der zehn Gebote an Richtlinien für seine Staatslehre denn viel gewinnen lassen! Selbst wenn man die Worte so stark preßt, daß man etwa in dem Gebote: Ehre Vater und Mutter! für jeden Dienenden und Untertanen den Befehl zu finden meint, seinem Herrn und seiner Obrigkeit Gehorsam zu erweisen (eine Interpretation, deren man sich schon im Mittelalter zu be-

[1]) Der Inhalt des Dekalogs vom „Communis sensus naturae" diktiert: 52, 361; „fluit ab ipso naturae fonte": 52, 662; die göttliche Erläuterung des leicht mißverstandenen Vernunftgesetzes: II 8, 1.

dienen pflegte![1]) —: selbst dann lassen sich dem Zweitafelgesetz doch höchstens einige ganz allgemeine Sätze über die Notwendigkeit staatlicher Ordnung entnehmen. Der Dekalog allein hätte daher Calvin für seine Zwecke nicht genügt; er mußte die Gesamtheit des Alten Testaments, des israelitischen Staats und seiner Geschichte als einheitliche Offenbarung Gottes für das Gebiet des staatlichen Lebens anerkennen. Darum also spielte in Calvins Lehren der Staat der Richterzeit als Vorbild aller späteren Zeiten eine so große Rolle[2]); darum mußten ihm die gesetzlichen Regelungen der lex Mosis, nicht zuletzt da, wo sie das staatliche Leben betrafen, so viel mehr gelten als einem Luther! Klang es doch geradezu wie ein Widerspruch gegen diesen, wenn Calvin zur Verteidigung des mosaischen Gesetzes hervorzuheben liebte, daß das Neue Testament das Alte keineswegs (im Sinne eines corrigere) verbessern wollte, daß Christus kein „novus legislator", sondern nur ein „fidus interpres" des pharisäisch veräußerlichten Gesetzes war! Denn da es Calvin als unumstößliche Voraussetzung galt, daß das Menschenleben zu allen Zeiten äußerer Gesetze bedürfe, damit ein geregeltes Dasein überhaupt möglich werde, so glaubte er an die Ewigkeit von Moses' Gebot und folgerte daher, daß die Lebensnorm (videndi norma), die Gott selber in diesem einmal offenbarte, unmöglich wandelbar und unvollkommen gewesen sein kann (73, 174).

War aber einmal die dauernde Gültigkeit der alttestamentlichen Staatsnormen fest begründet, dann bot sich ein neuer Weg, das ganze staatliche Leben auf unmittelbare Beziehungen zu Gott zurückzuführen und so dem religiösen Gefühl wertvoll zu machen. Dann schien es nicht mehr nötig, einer Rechtfertigung des Staates durch das „vernünftige" Recht gar so viel Geltung beizulegen, wenn doch in allen praktischen Fällen Beispiele aus dem Alten Testament, also „göttliche" Regeln, unmittelbar zur Verfügung standen. Nun findet zwar die lex naturalis in der Systematik der

---

[1]) Bei Calvin z. B.: 52, 605; 54, 310.

[2]) Vgl. z. B. die idealisierende Schilderung dieses „vetustissimus mundi status" in 51, 159: Bestehen einer Gott besonders wohlgefälligen „aequalitas" von Obrigkeit und Untertanen; die Regierenden lenkten die andern mehr, als daß sie sie beherrschten (non tamen dominarentur, . . sed civilem in modum regerent alios); die Untertanen brachten einer solchen Obrigkeit nicht Furcht, sondern freiwilligen Gehorsam entgegen (sponte magis . . quam imperio coacti).

Institutio an geeigneter Stelle stets eine kurze Erwähnung[1]); im allgemeinen aber darf man doch behaupten, daß die Identifikation von Dekalog und Naturrecht für Calvin, anders als für Melanchthon und Luther, bloß eine gewohnheitsmäßig fortgeführte Tradition ohne größere Bedeutung war[2]). Es gehörte vielmehr gerade zum Wesen des absoluten Rechts Calvins, die Ansätze zu einer neuen Begründung des Staates auf das ius divinum, die bei Luther lückenhaft geblieben, bei Melanchthon wieder fast ganz zurückgetreten waren, so weit zusammenzuschließen, daß nunmehr selbst das Verfassungsleben bis in seine Einzelheiten hinein in der Bibel sein gottgewolltes Muster fand.

Denken wir noch einmal an Luther zurück, so ist diesem also mit Calvin dem Katholizismus des „Mittelalters" gegenüber gemeinsam, daß ein „absolutes", kommunistisch-anarchistisches Naturrechtsideal, das mit dem Evangelium zusammenstimmt, für sie beide keine nennenswerte Rolle spielt. Doch waren es abweichende persönliche Motive, die schließlich hier und dort zu einem ähnlichen Ergebnis führten. Bei Luther gab die protestantische Grundüberzeugung von der reinen Innerlichkeit des evangelischen Ideals den Ausschlag. Wenn dieses einer völlig anderen Sphäre angehört als der Staat, so darf man es selber nicht unter dem Bilde eines staatlich-politischen Zustands, auch nicht im Sinne einer idealen, praktisch unerfüllbaren Forderung, denken. Für Calvin dagegen lag der wichtigste Grund, auf das evangelische Urstandsideal so auffallend wenig Rücksicht zu nehmen[3]), in dem Vertrauen, das er als persönlichste Überzeugung neben die von Luther übernommenen reformatorischen Glaubensprinzipien stellte, daß die Welt des Staates — also nach der alten naturrechtlichen Terminologie das Bereich des relativen, bereits modifizierten „ewigen Rechts" — an sich schon Größe und Erhabenheit genug besitze, um die religiöse Hingebung zu fordern, die sonst nur dem

[1]) Derart nämlich, wie es Calvin an anderem Orte definiert, daß durch die Stimme der Natur die Heiden wenigstens verhindert werden, ne point contrevenir entierement à ce qui leur estoit defendu en ceste (d. h. Moses) loy (56, 63). Der Christ aber besitzt eine noch verläßlichere Richtschnur im Gesetze Gottes.

[2]) Den Beweis dafür erbringt die folgende Darstellung der Staatslehre Calvins fast auf einer jeden Seite: überall werden die Argumentationen aus Bibel und göttlichem Gesetz den Ausschlag geben. — Vgl. auch die Darstellung von Calvins Naturrechtslehre bei Haußherr, S. 3ff.

[3]) Vgl. Troeltsch, Soziallehren, S. 662 A.

reinen evangelischen Ideale zugekommen war. Es konnte daher diese positive Stellung zum Staate leicht zur Anerkennung eines „ewigen Rechtes" führen, das trotz seiner hierokratischen Fassung als ius divinum bereits diejenigen Merkmale enthält, die sonst erst dem modernen Naturrecht — im Unterschiede zum älteren christlichen, soweit dieses wenigstens rein, nicht modifiziert erscheint — zukommen: die Einbeziehung des staatlichen Lebens in die für das wirkliche Dasein geltende Norm, die Aufstellung eines ewig gültigen Verfassungsideals und die freiheitlich-revolutionäre Tendenz, wenn der bestehende Staat von diesem Ideale gar zu weit abzuweichen scheint. So kam denn die Staatslehre Calvins trotz ihres so völlig abweichenden Ausgangspunktes im Ergebnis schließlich den Anschauungen nahe, die dem modernen Naturrecht aus seinem anderen großen Quellstrom, den wir oben skizzierten, zugeflossen sind.

Es war also kein Zufall, daß in späteren Jahrhunderten naturrechtliches Denken sich gerade bei den calvinistischen Völkern so kraftvoll entfalten konnte. Zwar hatte sich inzwischen, den veränderten Zeitverhältnissen entsprechend, der Ausgangspunkt des absoluten Rechts aus dem göttlichen Bereiche in dasjenige der Natur und der Vernunft verschieben müssen[1]). Doch konnte diese Entwicklung sich nach dem Ende des Konfessionellen Zeitalters, in dem der Calvinismus gerade durch die Kraft seines ius divinum politisch wirksam geworden war, nur deshalb so einheitlich und reibungslos vollziehen, weil der Inhalt der modernen Lehren, die nun von außen aufgenommen wurden, zu einem guten Teile schon in Calvins hierokratisch gebundener Staatsbetrachtung vorgebildet war. Von Melanchthon, dem anderen großen protestantischen Systematiker jener Epoche, hat Wilhelm Dilthey nachzuweisen gesucht, daß dessen dogmatisch durchwachsene Gedankenwelt bereits das Urbild einer künftigen „natürlichen Theologie" keimhaft enthalte. Von Calvin, dessen hierokratisch bestimmte Lehren an sich dem natürlichen System der folgenden Epoche noch ferner standen als die Anschauungen anderer Reformatoren, darf man ähnlich vielleicht behaupten, daß er mittelbar und selber dessen unbewußt eine — kulturgeschichtlich betrachtet — analoge Stellung in der Entwicklung der Naturrechtslehren eingenommen habe.

[1]) Für die Einzelheiten dieses Vorgangs muß auf die, freilich sehr skizzenhafte, Darstellung bei Gierke, J. Althusius 59f., und auf die etwas eingehenderen Ausführungen von Lang, Reform. u. Naturrecht 24ff., verwiesen werden.

II.
Die Staatslehre Calvins.

1.

Die „Souveränität Gottes" und das theokratische Staatsprinzip.

Im Vordergrunde der engeren Staatslehre Calvins steht ein Begriff, der fast in jedem ihrer Sätze in irgendeiner Form wiederkehrt: die „Souveränität Gottes". Äußerlich so juristisch aufgefaßt, daß sich darin die Einwirkung des römisch-rechtlichen Majestätsbegriffs verrät[1]), hat diese Lehre oft die Frage veranlaßt, ob man in ihr nicht eine Vorstufe der Souveränitätslehre suchen dürfe, die nach der hergebrachten Ansicht die moderne Staatslehre seit Bodinus von der des Mittelalters unterscheidet. Pflegt Gott, der Weltenherrscher, doch von Calvin mit allen Titeln des unumschränkten römischen Princeps benannt zu werden: Beständig geht die Rede von seiner summa maiestas, von seinem empire souverain; er heißt roy souverain, trägt die Bezeichnungen αὐτοκράτωρ und legibus solutus und straft jede menschliche Sünde rein richterlich als crimen laesae maiestatis[2]). Nun hatte schon die ganze Staats-

---

[1]) So formuliert es Beyerhaus, S. 55, der überhaupt die staatsrechtliche Bedeutung der Lehre von der Souveränität Gottes zum Angelpunkt seiner Arbeit macht.

[2]) Vgl. die sorgfältigen Zusammenstellungen (mit Quellenangaben) bei Beyerhaus, S. 53ff. Es finden sich: maiestas, summa maiestas, maiesté, summus rex, roy souverain, prince souverain, summum imperium, summa potestas, summa imperii potestas, empire souverain, puissance, principauté, iurisdiction souveraine, αὐτοκράτωρ, lege solutus, legibus solutus; maiestatem laedere, minuere; de maiestate derogare; crimen laesae maiestatis. Übrigens gelten alle diese Ausdrücke in unveränderter Form auch für die weltlichen Fürsten (der Terminus „souveraineté" selbst begegnet bei Calvin noch nicht! Beyerhaus S. 58), so daß Beyerhaus am Ende seiner mühevollen Untersuchung und nach einem Vergleich mit dem Sprachgebrauch Bodins feststellen muß, daß Calvins Souveränitätsbegriff, „so sehr er den bei Bodin vorhandenen Bezeichnungen weltlichen Herrschertums zu entsprechen scheint", doch „technische Bedeutung nicht beanspruchen darf!" (S. 106).

lehre der hierokratischen Jahrhunderte die Quelle aller Rechte des Herrschers wie des Volkes in einer souveränen Oberherrlichkeit Gottes gesucht. Der neue Souveränitätsbegriff der Renaissance fand dagegen den Ausgangspunkt jedes Rechtes allein im Staate selber, den man deshalb als ein selbständiges Individuum zu begreifen lernte. Für Calvin jedoch blieb eine solche natürlich-weltliche Begründung der Souveränität ohne Bedeutung. Wenn er gleichwohl den Begriff selbst so scharf herausarbeitete, so tat er es, um die Erhabenheit des Göttlichen über alles Irdisch-Menschliche, des religiösen über jeden immanenten Zweck des Staates noch mehr zu steigern, als es je zuvor geschah. So interessant dabei der formale Einfluß römisch-rechtlicher Ideen sein mag, so bleibt vom geistesgeschichtlichen Standpunkte aus jedenfalls festzustellen, daß diese juristische Rationalisierung der Souveränitätsidee bei dem Reformator gerade bestimmt gewesen ist, die alte hierokratische Gedankenwelt schon unter dem Hauche einer neuen Zeit noch einmal fester zu begründen.

Nun aber führte die Idee der unumschränkten göttlichen Souveränität bei Calvin trotz aller Ähnlichkeit mit den „mittelalterlichen“ Anschauungen doch zu charakteristisch abweichenden Konsequenzen. Hatte man einst aus dem Muster des göttlichen Weltimperiums die Notwendigkeit eines christlichen Einheitsstaates, aus dem Vorbild des göttlichen Monarchen die grundsätzliche Überlegenheit der Monarchie, aus der Oberherrlichkeit Gottes die dauernde Unverletzlichkeit jeder bestehenden Herrschaft herleiten wollen, so wußte Calvin das Recht der Volks- und Einzelstaaten, den Vorrang der republikanischen Verfassung und selbst gewisse Rechte der Untertanen an der Herrschaft aus dieser selben Lehre abzuleiten. Ihm diente die alte Formel dazu, seine religiöse Überzeugung von der innigen, dauernden Verbindung Gottes mit der irdischen Welt in ein staatsrechtliches Gewand zu kleiden. Das ius divinum, das seinen Staat beherrschte, schlug sich in diesem Rechtsprinzipe nieder, und alle religiöse Weltbejahung und freiheitliche Aktivität, die seinem „göttlichen Rechte“ eigen war, gewann hier einen Eingang in seine engere Staatslehre. Wir dürfen die Darstellung dieser Wirkung der späteren Einzelbetrachtung überlassen und können uns hier auf die allgemeinste und weitesttragende Folge der ewigen unmittelbaren Herrschaft Gottes über die irdische Welt beschränken: auf das von Calvin in Theorie und Praxis vertretene theokratische Staatsideal.

Gott bleibt für die Auffassung Calvins so unbedingt und dauernd der eigentliche Herrscher der Welt, daß er es ausdrücklich erklären zu müssen glaubt, warum Gott überhaupt die principes et magistratus in ihrer Herrschaft bestehen lasse (non evertit; 64, 626). Nicht socii et aequales Gottes sind die Fürsten, sondern allein seine „Stellvertreter", wie es etwa auf anderem Gebiete die Engel sind, die ebenfalls nur Gottes Befehle auszuführen haben (68, 707). Nur eine velut delegata a Deo iurisdictio kommt irdischen Herrschern zu; sie sind, da es nur eine preeminence et empire souverain sur nous geben kann, nichts anderes als servi, ministri, lieutenants, organa Gottes[1]). Die Folge dieses Dienstverhältnisses ist eine unendliche und unbegrenzte Verpflichtung jedes Fürsten gegen Gott: Keiner seiner Befehle darf mit der Achtung der göttlichen Majestät im Widerspruche stehen (69, 376), sondern jede Regierungshandlung muß der Erfüllung der göttlichen Gebote im Staate dienen; mit anderem Ausdruck: der Aufrichtung der Theokratie.

Wo immer Calvin die Aufgaben der weltlichen Obrigkeit bespricht, betont er, daß Pflichten, welche dem Schutze und der Förderung von Religion und Kirche dienen, höher stehen als irgendwelche anderen[2]). Neben der allgemeinen Aufgabe, Recht und Wohlfahrt als Grundlagen jeder tranquilla vita der Bürger zu schützen, fallen der rechten, gottgefälligen Obrigkeit die beiden großen Pflichten zu: die öffentliche Sitte streng zu wahren — die cura publicae honestatis — und für die Reinheit des Gottesdienstes Sorge zu tragen — die pietatis conservatio[3]). Sieht man von der „Ordnung des Gottesdienstes", also der Aufgabe der Obrigkeit, in die inneren Verhältnisse der Kirche einzugreifen, als einer Sonderfrage vorläufig einmal ab, so bleibt als wichtigste Pflicht des Staates die Herstellung der „öffentlichen Ehrbarkeit". Zunächst ist diese im wörtlichsten Sinne gemeint. Jede Unsittlichkeit der Bürger von Völlerei und Schlemmerei bis zu geschlechtlichen Vergehungen

---

[1]) 29, 242; 53, 644; 55, 411; 57, 121 und 555; 76, 109; 70, 322: Auch aus den alten Philosophen gehe hervor, hominem politicum nihil aliud quam organon esse quod manu Dei derigitur.

[2]) 81, 139: „... et sur tout qu'ils maintiennent l'honneur de Dieu, et la pure et droite réligion." — 64, 205: „... atque imprimis honorem Dei tueantur."

[3]) Diese Dreigliederung der obrigkeitlichen Aufgaben nach 80, 267, 81, 130 und 81, 145. — Die Wohlfahrtspflichten der Obrigkeit würdigen wir genauer in dem Abschnitte über „Rechte und Pflichten der Obrigkeit und der Untertanen" (bes. u. S. 81.)

soll durch die Obrigkeit geahndet und ausgerottet werden[1]). Aber die öffentliche Ehrbarkeit umfaßt für eine solche theokratische Staatsauffassung noch weit Größeres: Sie fordert die Befolgung der göttlichen Gebote durch jedes Glied des Volkes. „Gewiß sind das spirituale Königreich Christi und der irdische Staat zwei ganz getrennte Dinge“ — mit diesem Gedankengange leitet Calvin das Schlußkapitel der Institutio („de politica administratione“) ein —; indessen hat der Mensch auch auf Erden große religiöse Pflichten zu erfüllen, „ein Königreich Christi auf Erden“ aufzurichten, wie Calvin es sonst oft genannt hat. Unter allen irdischen Institutionen hat hierbei der Staat — obschon das „Königreich Christi auf Erden“ unmittelbar die Kirche und der Staat nur sein Außenbollwerk ist! — an erster Stelle mitzuwirken. „Nicht bloß um Essens, Trinkens und Hausens willen“ ist der Staat auf Erden da, sondern sein hauptsächlicher Zweck ist: „ne idolatria, ne in Dei nomen sacrilegia, ne adversus eius veritatem blasphemiae aliaeque religionis offensiones publice emergant ac in populum spargantur.“ Der Staat hat also nach dieser Hauptstelle der Institutio außer der Pflicht, gegen Götzendienst, d. h. gegen Abweichungen vom reinen Ritus, einzuschreiten, auch Gotteslästerungen und Ketzereien jeder Art, soweit sie sich öffentlich hervorwagen und Gottes Königsrechte verletzen, gewaltsam zu unterdrücken. Zum rechten Glauben selbst kann und soll freilich die Obrigkeit niemanden zwingen, denn dieser ist nicht durch äußere Maßregeln zu ertrotzen, sondern eine Wundergabe Gottes[2]). Aber wenigstens die äußere Anerkennung der Kirche und ihrer Dogmen und Gnadenmittel und die Führung eines christlichen Lebens bei allen Untertanen zu erzwingen, dafür ist die Obrigkeit — wie Calvin in allen seinen Schriften gar nicht stark genug betonen kann — von Gott eingesetzt. Ihr fällt im göttlichen Weltplane, neben der Kirche, die große Aufgabe einer Erziehung all der Vielen zu, die niemals gehorchten, wenn man sie nicht zum Gehorsam zwänge (73, 401), und der Kampf gegen die Ketzer, die durch ihre Irrlehren die Kirche verwirren (81, 140). Denn zwischen der Verletzung des Glaubens und anderen Verbrechen darf für die Obrigkeit kein Unterschied

---

[1]) z. B. 80, 267; 81, 139 u. 143f.

[2]) 36, 470: Nam ut demus in principum manu et arbitrio non esse, edictis suis penetrare in hominum corda, ... hoc tamen postulat eorum vocatio, ne impuris ac petulantibus linguis lacerare permittant sacrum Dei nomen.

bestehen[1]). Diese ist Christi Stellvertreterin: so soll sie dafür sorgen, daß er in ihrem Lande die ihm gebührende Stellung und Ehre behalte! (36, 470).

Diese Gedanken wurden nicht nur im Genfer Gottesstaate in die Praxis umgesetzt, sondern auch in Frankreich, England und Polen suchte der Reformator ihnen Eingang zu verschaffen, indem er die Könige wieder und wieder an ihre Aufgabe, Religion und Kirche zu schützen und zu fördern, als an die höchste Pflicht des Herrscheramtes mahnte. „Wenn Gott die Könige durch ihren hohen Rang tatsächlich näher zu sich stellt — heißt es in einem der politischen Briefe —, so verpflichtet er sie damit auch, in der Erfüllung der Pflichten gegen ihn den Untertanen ein leuchtendes Beispiel zu sein" (II 200). Ob es sich um geistliche oder weltliche Führer handelt, macht dabei keinen grundsätzlichen Unterschied; denn beiden, den magistratus wie den pastores, liegt gleichmäßig die Pflicht ob, die Ehre Gottes zu schützen[2]). Es ist darum nur folgerichtig, daß in der definitiven Ausgabe der Institutio die Obrigkeit nicht mehr selbständig, sondern unter den „externa media ad salutem" behandelt wird[3]). Die Obrigkeit hat eben nur deshalb Schwert und Macht erhalten, um damit für „Gottes Ehre" — wie es mit der calvinischen Formel heißt — auf Erden zu kämpfen. Sie darf diese Pflichten gegen ihren göttlichen Oberherren ebenso wenig vernachlässigen, wie sie selbst „es dulden würde, daß die ihr zukommende Souveränität ihr von ihren Beamten genommen würde"! „Gewiß kenne ich die Gründe wohl — so erläuterte Calvin selbst diese Stelle seiner politischen Korrespondenz —, die viele zum Nachweis dafür erbringen, daß eine Obrigkeit ihre Untertanen nicht zum christlichen Leben zwingen dürfe. Aber es ist denn doch

---

[1]) So die Äußerung über Servet in der „Defensio orthodoxae fidei": Unde inter fidei violationem et alia maleficia discrimen nisi ex cerebro suo sumpsit? Vgl. auch I 326: Es sollen „auch die Verbrechen ihre Strafe finden, von denen die Menschen gewöhnlich nicht viel Aufhebens machen." Werden doch „oft Diebstahl, Totschlag und Raub, durch die Menschen geschädigt werden, schwer gestraft, aber Hurerei und Ehebruch, Trunksucht und Lästerung des Namens Gottes werden geduldet, als wären das erlaubte Dinge ..."

[2]) Magistratus und pastores in gleicher Weise bestimmt, ut honorem Dei tueantur: 64, 205; 81, 218.

[3]) Vgl.: Kampschulte I, 270ff., v. Bezold, Staat u. Gesellschaft 80f., vor allem Beyerhaus 50f.

eine zu weltliche Nachsicht, . . . zu gestatten, daß unser Vorgesetzter um sein Recht betrogen wird!" (II 426f.).

Nur indem das ganze soziale und staatliche Leben dem Gesetze Gottes unterworfen wird, kann also das „Königreich Christi" auf Erden aufgerichtet werden[1]). An dieser Aufgabe hat jede menschliche Institution mitzuschaffen. Wie dies für Universität und Schule gilt[2]), wie hier der Lehrer, der zu den geistlichen Personen zählt und sich vor seiner Anstellung einer Prüfung durch die Geistlichkeit unterziehen muß, „Gehilfe und Werkzeug" der Prediger zur „Erhaltung von Gottes Wort" heißt —, so liegen auch die höchsten Pflichten des Staates auf diesem religiösen Gebiete. Die Aufgaben, die ihm hierbei zufallen: Ketzerei, Gotteslästerung und Unsittlichkeit zu unterdrücken, beschränken sich nun aber nicht auf die Befugnis der weltlichen Obrigkeit, sondern gehören ebenso zur Kompentenz der Kirche, nur daß diese mit anderen Mitteln dem gleichen Ziele zustrebt. Da in der calvinischen Kirche die irdischen Heiligungsaufgaben zudem, wie hervorgehoben, besonders in den Vordergrund treten, so haben „die beiden Institutionen, Staat und Kirche", wie die Institutio ausführt, „eigentlich den gleichen Zweck und unterscheiden sich nur darin, daß die Kirche auf das ewige Leben abzielt, der Staat hingegen es mit dem äußeren Menschen zu tun hat und sich auf die rechte Ordnung des Lebens in dieser Welt beschränkt . . . Es folgt daraus von selber, daß sie zusammengehören und zusammenwirken müssen, so wie Leib und Seele zusammengehören und miteinander zu einem Ziele hinstreben"[3]). Es findet also hinsichtlich der äußeren Heiligung des Volkes ein Parallelismus obrigkeitlicher und kirchlicher Aufgaben statt: Die Sittenzucht läßt sich grundsätzlich weder dem staatlichen noch dem kirchlichen Pflichtenbereich allein zusprechen. Es handelt sich dabei vielmehr, recht besehen, um einen dritten, theokratischen Pflichtenkreis, in dem sich beide Ämter treffen und — ohne daß dabei ihrem guten Willen eine unverrückbare rechtliche Grenze gesetzt zu werden brauchte — einander mit ihren verschiede-

[1]) Z. B. Brief an Eduard VI. von England; 4. Juli 1552; I 446: „Ein christlicher König zu sein" heißt, „ihm als Statthalter dienen zu dürfen zur Aufrechterhaltung des Reiches Jesu Christi („pour maintenir le royaume de Jesus Christ") in England."

[2]) Vgl. I 407 und die Darstellung bei Kampschulte I, 467ff.

[3]) Inst. IV, 20. Wiedergegeben nach dem zusammenfassenden Zitat bei Stähelin, Calvin, Leben u. Schriften I, 1863, S. 321.

nen Mitteln ergänzen[1]). Der Kirche allein — darf man also formulieren — bleibt zwar die Sorge für das individuelle Seelenheil, dem Staate allein die Wahrung der Rechtsordnung und irdischen Wohlfahrt überlassen. Aber darüber hinaus haben Kirche und Staat — wenn anders sie recht verfaßt sind — noch einen weiteren Aufgabenkreis, der beiden gemeinsam und durch eine enge Vereinigung beider Regimente bezeichnet ist: Die äußere Heiligung hier der Gemeinde, dort der Untertanen, der Aufbau und der Schutz einer christiana politia[2]), eines Reiches Gottes auf Erden!

So scheint nicht nur die volle Theokratie, sondern eine untrennbare Vermengung der staatlichen und kirchlichen Kompetenzen die Folge jener Einbeziehung des Staates in die großen Aufgaben der Religion zu sein. Zumal wenn man bedenkt, daß nun auch umgekehrt der Staat die wichtigsten Rechte gegenüber der Kirche besitzt, deren Reinheit er kontrollieren und, wenn nötig, gewaltsam herstellen soll, so möchte man nur die Wirkung äußerer Einflüsse darin erblicken, daß später gerade in calvinistischen Ländern die erste Trennung von Staat und Kirche vor sich gehen konnte. In Wahrheit ist diese Entwicklung des späteren Calvinismus doch kein Zufall gewesen! Es war die Eigenart der calvinischen Theokratie, trotz aller Vermischung staatlicher und kirchlicher Befugnisse der äußeren Organisation der Kirche so starke Eigenkräfte zu belassen, daß diese sich am Ende der Konfessionellen Epoche leichter vom Staate zu trennen und auf sich selber zu stellen vermochte, als es der Kirche des Luthertums oder des Katholizismus damals möglich war. Um diese eigenartigen, aber kulturgeschichtlich sehr wichtigen Verhältnisse richtig zu verstehen, schreiten wir im nächsten Abschnitt zu einer genaueren Betrachtung der Beziehungen von Staat und Kirche in Calvins Staatstheorie, obschon dadurch für die Erkenntnis des Zusammenhanges seiner Staatsanschauung und Religiosität, der unter den Gesichtspunkten der vorliegenden Untersuchung in erster Linie interessiert, unmittelbar nichts gewonnen wird. Für das Verständnis dieses Hauptproblems allein ließen sich die folgenden speziellen Ausführungen über das Verhältnis von Staat und Kirche ohne Bedenken überschlagen.

[1]) Ein Beispiel ist die Ausübung der Zuchtgewalt, wo der Vollzug einer kirchlichen Strafe der geistlichen, derjenige einer Leibesstrafe der weltlichen Obrigkeit zugewiesen wird.

[2]) IV 20, 3: ... instituenda sit ... christiana politia.

2.

Staat und Kirche.

Für alle Reformatoren umschloß das Verhältnis von Staat, Kirche und Religion eine Aufgabe, die ihnen theoretisch und praktisch gleich große Schwierigkeiten bot. Sie waren stolz darauf, den Staat von kirchlicher Bevormundung befreit zu haben, aber sie wollten ihn damit dem Dienste für die Religion nicht entziehen. Sie lehnten die Hierarchie, die Priesterherrschaft, ab, aber sie bewahrten den Glauben an eine äußere Einheit des gesamten christlichen Lebens, an die Notwendigkeit eines „Corpus christianum", und Calvin hat diesen Gedanken sogar bis zur Forderung einer vollen Theokratie und Bibliokratie gesteigert.

Wie schwer ward es nun aber in der Praxis, Übergriffe des weltlichen oder geistlichen Regimentes in die Kompetenz des anderen zu verhindern, wenn beide doch gemeinsam für gleiche Ziele auf Erden wirken sollten! Daß nach dem Sturze der katholischen Hierarchie die junge protestantische Kirche dem Staate gefährlich werden könnte, brauchten die Reformatoren freilich kaum in ihre Rechnung einzustellen; so hielten sie es denn, da sie nicht auf juristische Vollkommenheit, sondern mehr auf praktische Brauchbarkeit ihrer Lehren bedacht waren, im allgemeinen für unnötig, die kirchlichen Rechte gegenüber dem Staate nachdrücklich zu begrenzen. Um so schwerer wurde es ihnen, einer Übermacht des Staates über die Kirche vorzubeugen. Man weiß, daß die Entwicklung in den lutherischen Ländern zuletzt tatsächlich zum Staatskirchentum geführt hat. Nun sind hierbei Ursachen wirksam gewesen, die auch im Calvinismus nicht fehlten. In allen Konfessionen war die Reformation, wenn sie sich praktisch durchsetzen wollte, auf die Hilfe des Staates angewiesen. Sie mußte daher in ihrer Theorie, wenn sie anders ihr Handeln überhaupt rechtfertigen wollte, wenigstens eine zeitweilige Bevormundung der Kirche durch den Staat als zulässig erscheinen lassen. Vor allem bedurfte Calvin, der ja dem Staate eine so große Rolle im Dienste des neuen Glaubens zuwies, einer derartigen Lehre. Wenn es nun gerade in der von ihm begründeten Konfession zu keinem wirklichen Staatskirchentum und späterhin zur ersten vollen Trennung von Staat und Kirche kam, so liegt die Vermutung nahe, daß auch in dieser Hinsicht die theoretische Lehre des Reformators die künftige Entwicklung vorbereitet oder doch wenigstens erleichtert hat.

Soweit die reformatorische Staats*praxis* in Betracht kam, war auch Calvin, wie angedeutet, der Meinung, daß es natürliche Pflicht der weltlichen Obrigkeit sei, die Kirche, wenn diese nicht imstande scheine, einwurzelnde Mißbräuche aus eigener Macht zu beseitigen, kraft des weltlichen Schwerts wieder instand zu setzen, das Evangelium rein und lauter zu verkünden. Je christlich vollkommener eine Obrigkeit ist, desto eifriger wird sie dieser Pflicht nachkommen. Ihr dabei eng begrenzte rechtliche Vorschriften auf den Weg zu geben, erschien dem Reformator hier noch weniger als sonst am Platze. Ausdrücklich wandte sich darum Calvin gegen die Ansicht, eine jede Einmischung des Staates in die Verhältnisse der Kirche sei ein unberechtigter Eingriff (usurpatio). Im Gegenteil, es ist nicht nur das *Recht*, sondern sogar die *Pflicht* der Obrigkeit, durch ihre Gewalt „schlechte und ruchlose Geistliche wieder zur Ordnung zu bringen, Unwürdige aber ihres Amtes zu entkleiden." Man muß dabei wohl unterscheiden zwischen einem „cathedram occupare", was natürlich außerhalb der Kompetenz jedes Laien, also auch der Obrigkeit liegt, und einem „rite collocare iustos sessores, qui sedem ratione iureque gubernent." (35, 266.) In Zeiten der religiösen Entscheidung wird es Pflicht des Herrschers, „nicht nur die Gottlosigkeiten, die der Ehre und dem Dienste Gottes zuwiderlaufen, abzutun," sondern auch die *Ordnung des Gottesdienstes* selbst in die Hand zu nehmen. Bis in dessen Einzelheiten hinein soll dieser Eingriff sich erstrecken. Zur Aufgabe der Obrigkeit gehört es dann — wie Calvin in seinen reformatorischen Schreiben an Könige und Fürsten zu fordern pflegte —, dafür zu sorgen, „daß eine maßvolle Nüchternheit in den Zeremonien herrsche, so daß die Klarheit des Evangeliums nicht verdunkelt wird", daß man so „handgreifliche Mißbräuche" wie „das Gebet für die Seelen der Verstorbenen, die Verdrängung Gottes durch die Fürbitte der Heiligen in unserem Gebet, die Verbindung ihres Namens mit dem Schwur" beseitige und die verwaisten Stellen neu mit Pfarrern besetze, „damit die armen Herden nicht ohne Hirten bleiben".[1])

Calvin ist demnach in der Praxis, genau wie Luther, grundsätzlich bereit gewesen, die neue Ordnung der Kirche durch staatliche Initiative vornehmen zu lassen. In seiner allgemeinen Theorie dagegen suchte er diese Hilfeleistung nur als eine vorübergehende, wennschon berechtigte Ausnahmeerscheinung zu begründen. Um die Bedeutung der von ihm hierbei verfolgten Gedankengänge richtig einzuschätzen, erscheint es nötig, zuvor wenigstens in den Hauptpunkten zu verfolgen, inwiefern etwa die Auffassungen Luthers von dieser Hilfspflicht des Staates ihrerseits ein späteres Staatskirchentum begünstigen konnten.

Auch Luther führte gleich Calvin in seiner Theorie eine klare Scheidung zwischen den Befugnissen des weltlichen und des geistlichen Regimentes durch. Er fand sogar heftige Worte gegen jede Obrigkeit, die sich vermißt, in die geistliche Sphäre überzugreifen: Soweit die Kirche unsichtbare Kirche ist, steht der geistlichen Obrigkeit allein die Leitung ihrer Angehörigen — also sozusagen des „Corpus mysticum" — zu. Auch führte dieser Gedanke den Reformator in der Tat so weit, daß sich zwischen seiner und der älteren katholischen Anschauung starke Gegensätze ergaben. Dies geht z. B. aus seinen Äußerungen über die Stellung des Kaisers in einem allgemeinen christlichen Kriege gegen die Türken hervor, wenn hier der Kaiser als weltliches Haupt der Christenheit mit der Begründung abgelehnt wird, er sei, was die unsichtbare Kirche anbelange, nur ein Christ gleich jedem anderen Gläubigen, als weltlicher Herrscher aber nicht das Haupt der Christenheit![2]) In der unsichtbaren Kirche, die nicht herrschen, noch überwinden, noch befehlen will, ist eben überhaupt kein Platz für irgendwelche Obrigkeit. Aber Luthers Kirche ist nicht bloß unsichtbare oder Bekenntniskirche, sondern zugleich auch sichtbare, auf Autorität und Tradition beruhende Volks- und Landeskirche.[3]) Als solche kann sie in einer Epoche wie dem Konfessionellen Zeitalter einer äußeren Macht, die Ordnung schafft und für die Reinheit des Gottesdienstes sorgt, schon deshalb nicht entbehren,

---

[1]) I 407. — Ähnliche Aufforderungen in der politischen Korrespondenz z. B. II 117 und 427.

[2]) „Vom Kriege wider die Türken"; 1529; Weim. A. 30, 130.

[3]) Vgl. darüber bes. die Ausführungen bei Rieker, S. 70.

weil sie gerade wegen ihrer relativ großen „Spiritualität“ keine genügend straffe Organisation mit eigenen Behörden, Beamten und Zuchtmitteln besitzt, um im Notfalle solche Aufgaben selbst übernehmen zu können. Wohl darf es sich hierbei stets nur um „Notdienste“ des Staates handeln, wie sie Zeitlage und äußere Umstände erfordern, und wenn der Landesherr derartige Hilfsleistungen übernimmt, wird er dadurch noch nicht das reguläre Oberhaupt der Kirche; wohl bekleidet der Fürst bei dieser Aufgabe nichts anderes als die Stelle eines höchsten „Notbischofs“, und oft genug hat Luther das Provisorische, das diese Bezeichnung ausdrücken soll, hervorgehoben.[1]) Und dennoch! Es handelte sich bei dieser Stellung des Fürsten zur Kirche in Wirklichkeit doch um kein Provisorium, weil das Wesen der mit Machtmitteln dieser Welt so wenig ausgerüsteten lutherischen Kirche die Dauer solcher Notdienste erforderlich und jede Unterbrechung unmöglich machte. Es wurde zuletzt nötig, die beständige Hilfeleistung des Staates als bleibenden Zustand anzuerkennen und zu legitimieren. Dies tat die Theorie von der Stellung des Landesherrn in der Landeskirche als eines „praecipuum membrum ecclesiae“, die von Luther bereits gebilligt, von den späteren Theologen zum staats- und kirchenrechtlichen Hauptsatze erhoben wurde.[2]) In dieser Lehre konnte später die tatsächliche Entwicklung zum Staatskirchentume — mochte sie an sich Luthers Wünschen entsprechen oder nicht; wir brauchen in dem Streite, der hierüber schwebt, gar nicht Partei zu ergreifen — ihre feste theoretische Rechtfertigung finden.

Bei Calvin — darin liegt ein für die Zukunft wichtiger Unterschied zur lutherischen Anschauung — fehlt diese ausgesprochene Lehre von der Obrigkeit als dem „praecipuum membrum ecclesiae“ und damit eine Grundlage der Entwicklung zum Staatskirchentum.[3]) Stets wird bei ihm der Hilfsdienst des Staates, so nötig und

[1]) Z. B. Briefe, herausgegb. von Enders, VIII, 370, 4: Die Anstellung von Geistlichen „dem Landesfürsten gebuhrt, bis die Sache mit den Bischofen geendet!“ — Briefe, ed. De Wette V, 173: „. . . unser gnädigster Herr, der . . . unser einziger Nothbischof, weil sonst kein Bischof uns helfen will . . .“

[2]) Über die Lehre vom „praecipuum membrum ecclesiae“ besonders: Karl Rieker „Staat und Kirche nach lutherischer, reformierter, moderner Ansicht“; Hist. Viert. Schr. 1898, S. 373f.

[3]) Vgl. Rieker, S. 185: Trotz einzelner entgegengesetzter Äußerungen „kann man doch behaupten, daß die Lehre von den drei Ständen und der

pflichtgemäß er auch im Augenblicke der Not sein mag, nur als ein einmaliger, vorübergehender Akt angesprochen. Wohl deckte sich die Ableitung der Pflicht des Fürsten, die Reinheit des Gottesdienstes herzustellen, aus seiner doppelten Eigenschaft als Herrscher und als Christ ungefähr mit dem lutherischen Standpunkt.[1]) Von einer Übernahme der ständigen Kirchengewalt durch den Fürsten war bei Calvin aber niemals die Rede, sondern stets nur von dessen Pflicht, durch einen einmaligen Eingriff den papistischen „Götzendienst" zu beseitigen und an dessen Platz den reinen Gottesdienst, wie er jedem Laien verständlich in der Bibel gefordert wird, zu setzen. Gewissermaßen lag dabei die Vorstellung zugrunde, man brauche die Kirche nur einmal in den Sattel zu setzen, reiten werde sie dann schon können! Ist erst das Ziel, die Reinheit der Kirche, erreicht, so hat die weltliche Obrigkeit wieder zurückzutreten; denn im regelmäßigen Gange der Dinge vermag die calvinische Kirche mit ihren eigenen Beamten und Synoden und ihrer straffen Zucht und Banngewalt das Regiment aus eigener Kraft zu führen. Dem Staatskirchentume, dem Luther zuletzt trotz seines Sträubens zugeführt wurde, blieb also Calvin, so nahe es auch ihm gelegen hat, letzten Endes aus dem Grunde fern, weil

---

Obrigkeit als praecipuum membrum ecclesiae der calvinischen Anschauung fremd ist. Wohl soll die weltliche Obrigkeit die Kirche auf Erden fördern und ihr mit allen Mitteln helfen, daß sie ihre Aufgabe erfülle und ihr Ziel erreiche. Aber sie selbst ist darum doch kein Mitglied der Kirche." — Die schroffste entgegengesetzte Äußerung, die sich vielleicht bei Calvin findet, führt Rieker selbst (S. 184) an: „On ne les (sc. les magistrats) doit point exclure de l'Eglise, mais ils en sont une partie et un membre excellent et non point du rang commun." (81, 137.) Was aber will diese eine Äußerung besagen, die im Widerspruch zu so viel anderen unzweideutigen und auch praktisch verwerteten Äußerungen Calvins steht? Man hat wohl das Recht, sie nur als eine allgemeine Redewendung, nicht aber als ein ernst gemeintes Postulat aufzufassen.

[1]) I 446: „Es ist etwas Großes, König zu sein", etwas noch Größeres, „ein Christ zu sein. So ist's ein unschätzbarer Vorzug, .. ein christlicher König zu sein ... Zum Dank für dieses außerordentliche Gut müssen Sie nun um so eifriger sein, .. daß er geehrt und ihm gedient werde." Ähnlich: I 345. — Für den Standpunkt Luthers wenigstens ein Beispiel: In der von Luther für den Altenburger Rat verfaßten Eingabe vom Jahre 1522 heißt es über das Eingreifen des Rates in die kirchlichen Verhältnisse zugunsten der Reformation: „... Denen (sc. den Altenburger Mitbürgern) wir aus zweierlei Pflicht zu dienen schuldig sind, nemlich des leiblichen Regiments und brüderlicher christlicher Liebe halben" (Enders III, 347, 8).

seine stabiler gebaute Kirche eines solchen nicht bedurfte.[1]) Hatte die Institutio schon für die Sphäre der äußeren Heiligung des Volkes scharf und rückhaltlos unterschieden zwischen den Funktionen des spiritualen Reiches Christi (spirituale Christi regnum) und der weltlichen Staatsordnung (civilis ordo; IV 20, 1), zwischen dem geistlichen Schwerte, das den Übeltäter zur freiwilligen innerlichen Reue führen soll, und dem weltlichen Schwerte, welches am Leibe straft und äußerlichen Zwang anwendet (IV 9, 3), so lehrte sie nun ausdrücklich das drohende Staatskirchentum verwerfen. „Diejenigen, die behaupten, der Herr habe seiner Gemeinde die ... Gewalt nur anvertraut, bis es einen christlichen Magistrat gebe, der sie seinerseits zur Ausführung bringe, vertreten eine törichte und unhaltbare Meinung ... Wie würde es [dann] werden, wenn die Obrigkeit gleichgültig und nachlässig wäre oder selber Züchtigung verdiente?"[2])

Es waren also die Aufforderungen, die Calvin an die Fürsten richtete, von sich aus die Kirche ihrer Länder in reformatorischem Geiste umzugestalten, in der Tat allein als Übergangsmaßnahmen gemeint. Calvin hat dies in seiner Korrespondenz oft zum Ausdruck gebracht, gelegentlich hier dafür auch eine Theorie entwickelt, die man gewissermaßen als ein Gegenstück zu Luthers Lehre vom „Notbischof" und vom „praecipuum membrum ecclesiae" bezeichnen kann. Es sei ein Irrtum — erklärt Calvin —, sich auf das Vorbild eines Moses oder eines David zu berufen, wenn man ein Recht der weltlichen Obrigkeit in kirchlichen Angelegenheiten behaupten wolle. Denn man vergesse dabei, daß jene nicht nur die weltlichen Führer Israels, sondern zugleich die Träger eines göttlichen mandatum und einer göttlichen vocatio waren und voll von prophetischem Geist: Nur darum konnte Moses einst vor Aarons Weihe das Priesteramt versehen oder David in die Verhältnisse der Kirche eingreifen. Für andere fromme Könige, die einer solchen göttlichen Berufung entbehren, ist es dagegen Pflicht, sich damit zu begnügen, den überkommenen Zustand der Kirche zu schützen und diese ihrer eigenen Gerichtsbarkeit und der Wirksamkeit ihrer

---

[1]) Vgl. Rieker, S. 176, auch Ulrich Stutz, Kirchenrecht (Holtzendorff-Kohler, Enzykl. der Rechtswissensch. V^7, S. 384): „Calvins Kirche steht auf eigenen Füßen und vermag auch ohne den Staat, ja trotz ihm auszukommen."

[2]) IV 11, 3 und 4; wiedergegeben nach der zusammenfassenden Übersetzung von Stähelin I, 327.

Priester zu überlassen.[1]) Es ist also allein die – für Calvin so charakteristische — außergewöhnliche Erwählung einzelner Persönlichkeiten durch Gott, die in gewissen Fällen eine, jeweilig an die Person gebundene, Vereinigung der beiden Ämter denkbar macht und die Vorgänge im altisraelitischen Staate erklärt. Aber auch eben nur, wo die große prädestinierte Persönlichkeit hervortritt, scheint eine zeitweilige Verwischung der Grenzen beider Reiche erlaubt; wenn die gewöhnliche Obrigkeit sich auf solche Beispiele berufen zu dürfen wähnt, so irrt sie: sie hat dazu kein Recht. Doch ist die Prädestination ja nicht auf die Vergangenheit beschränkt; auch in der Gegenwart, wo es von wenigen Fürsten abhängen kann, ob große Reiche für die Herrschaft Christi gewonnen werden oder verloren gehen, wird Gott gewiß wieder einzelne große Fürsten nach seinem unerforschlichen Ratschluß erwählen! Dies ist der Grund, warum Calvin die großen alttestamentlichen Beispiele der Moses, David, Hiskia, Josua den Fürsten so oft vor Augen ruft[2]): Die kraftvolle Aktivität der hervorragenden religiösen Persönlichkeit kann und soll in dem entscheidenden Augenblick die äußeren Formen durchbrechen! So verdanken ja auch die Reformatoren selbst, wie Calvin hervorgehoben hat (43, 335), ihren Auftrag, die papistischen Mißbräuche in der Kirche durch außergewöhnliche Mittel abzustellen, einer besonderen göttlichen Berufung (einem extraordinarium munus), während es nach der Vollendung ihres Werkes ihre Pflicht wird, wieder ordnungsgemäße Geistliche einzusetzen, die dann die Grenzen des kirchlichen Amtes nicht mehr überschreiten dürfen („ut ecclesiis recte compositis alios pastores substituant in suum locum“).

---

[1]) Brief an Myconius; 39, 379: Mosem allegant et Davidem [sc. diejenigen, die ein Recht der weltlichen Obrigkeit in kirchlichen Angelegenheiten behaupten]. Quasi vero non aliud muneris habuerint illi duo, quam ut populum civili potestate regerent. Dent igitur nobis insani isti similes magistratus, hoc est singulari prophetiae spiritu excellentes et utramque sustinentes personam, non proprio consilio aut affectu, sed Dei mandato et vocatione: nos talibus id quod postulant libenter largiemur. Quin Moses ipse ante consecratum Aaronem sacerdotis munere fungitur: postea Dei iussu praescribit quod factu opus est. David quoque non sine Domini permissu ad ordinandam ecclesiam accingitur. Pii alii reges constitutum ordinem tuentur sua potestate, ut decet, ecclesiae tamen suam iurisdictionem, et sacerdotibus partes illis a Domino attributas relinquunt.

[2]) Z. B. I 345 und 407; II 117f.

Es ist nun möglich, zu beobachten, wie diese Lehre, die Kirche müsse nach dem Ende der großen Zeit ihrer inneren Wiedererneuerung in einen normalen Zustand der Trennung vom Staate übergehen, tatsächlich nicht bloße Theorie blieb, sondern auf Calvins Umgebung und damit auf die Praxis Einfluß zu gewinnen begann. Es ist uns ein denkwürdiger Brief Johannes Hallers, des Berner Zwinglianers, aus dem Jahre 1562 erhalten, in welchem dieser mit offenkundiger Verwunderung über den Gegensatz zu den heimischen Anschauungen an Bullinger berichtet, daß man in Genf (gemeint sind Calvin, Farel, Viret) die „wunderbarliche Konzeption" einer Trennung des Staates von der Kirchengewalt und -Gerichtsbarkeit vertrete und diesem nur das Recht einer äußerlichen custodia belassen wolle. Hanc vocant libertatem ecclesiasticam! Das Sonderbarste aber: Sie geständen zwar für die Vergangenheit ein Recht des Staates zur Einmischung in kirchliche Angelegenheiten zu; „da aber nunmehr die Kirche mündig geworden sei, so brauche sie nicht mehr unter staatlicher Vormundschaft zu stehen, sondern dürfe nach ihrem eigenen Rechte leben. Wollte der Staat jetzt seine alten Befugnisse nicht fahren lassen, so begehe er am Rechte der Kirche einen Raub!"[1]) So lautete das Urteil eines Außenstehenden über die Gesinnung, in der die Genfer Kirchenmänner dem Staate in der Praxis gegenübertraten.

Zieht man das Fazit aus Calvins Auffassung des Verhältnisses von Staat und Kirche, so muß also dem früheren Nachweis, daß sein Staat wegen seiner großen religiösen Aufgaben in höherer Schätzung steht als der „bloß" irdische Luthers, hinzugefügt werden, daß umgekehrt Calvins Kirche im Vergleich zu derjenigen Luthers mehr von dieser Welt und dadurch erdhafter und kräftiger erscheint. Als zwei selbständige, auf eigener Macht beruhende Organisationen treten daher bei Calvin Staat und Kirche einander gegenüber, oder besser: nebeneinander. Denn da beide, vom gleichen theo-

[1]) 47, 281 f. Der Schlußsatz lautet: Quum vero nunc ecclesia adoleverit, non debere ipsam amplius sub illis (sc. magistratibus) esse, sed suo iure frui, et rapinam exercere eos magistratus qui ius illud quod hactenus habuerint, retinere velint. — Dieser Brief zuerst herangezogen von Rieker, Grunds. 191, A. 2. — Für die genauere Beurteilung von Calvins Staatspraxis in Genf verweisen wir auf Anlage III, die nachzuweisen sucht, daß sich die hier hervorgehobenen Grundlinien von Calvins Theorie auch in seinem Staatswesen, trotz mancher, oft bemerkter Abweichungen, in der Hauptsache wiederfinden lassen.

kratischen Geiste beseelt, für die gleiche Aufgabe, nur mit verschiedenen Mitteln, berufen sind, so stehen sie trotz ihrer äußeren Trennung im innigsten Zusammenhange als Glieder eines einheitlichen Ganzen.[1]) Keines herrscht über das andere, weder die Kirche über den Staat — wie im katholischen „Mittelalter" —, noch der Staat über die Kirche — wie im lutherischen Staatskirchentum. Freilich, zu Hilfsdiensten gegen die Kirche ist der Staat, wenn es nötig wird, verpflichtet, während im umgekehrten Falle die Kirche offenbar keine zwingende Gewalt gegen den Staat besitzt. Das ganze Schema beruht demnach auf dem Vertrauen, daß der Staat sich gegen die göttlichen Gebote gehorsam erweist und seinen religiösen Pflichten nachkommt. Calvin ist stets bei diesem Vertrauen geblieben und hat gegen die pflichtvergessene Obrigkeit nur ein religiöses Widerstandsrecht der Untertanen — nicht die Kirche — ausgespielt. Aber nachdem einmal eine starke calvinistische Kirche entstanden war, konnte es leicht geschehen, daß diese das Band zwischen sich und einem sündhaften Staate zerschnitt und einen solchen ausschließlich auf das zeitlich-weltliche Gebiet beschränkte. Man darf indes niemals vergessen, daß Calvin für dieses „subsidiäre Ideal" des späteren Calvinismus — wie es Rieker genannt hat (S. 132) — nur unbewußt die Voraussetzungen schuf, selber aber eine absolute Trennung von Staat und Kirche mit Entrüstung von sich gewiesen hätte. Immerhin legte seine relative Trennung beider Gewalten und die konsequente Beschränkung des staatlichen „Notdienstes" auf zeitlich begrenzte Ausnahmefälle die Grundlage für eine spätere absolute Trennung nach dem Falle des theokratischen Überbaus. Wenn also Rudolf Sohm in seinem „Kirchenrecht" (S. 560) von der Reformation im allgemeinen urteilt, daß durch sie „die mittelalterliche Überordnung der Kirchengewalt über die Staatsgewalt beseitigt ward; die Reformation aber den andern mittelalterlichen Satz von der Vormundschaft der weltlichen Gewalt über die geistliche beibehalten" habe, so kann dies so unbedingt doch höchstens vom Luthertume gelten. Denn Luther schuf dadurch, daß er den „Notdienst" der weltlichen Gewalt — der an sich bei dem Fortbestehen der Idee einer einheitlichen christlichen Gesellschaft in den Staatslehren aller Reformatoren eine wichtige Rolle spielen mußte! — tat-

[1]) So bestimmen die „Ordonnances ecclesiastiques", IV, 11, 3: Sic coniunctae debent esse operae, ut altera sit adjumento alteri, non impedimento.

sächlich zu einem Dauerdienste werden ließ und diesen durch die Lehre vom „praecipuum membrum ecclesiae" schließlich auch theoretisch legitimierte, vielleicht gegen seinen Willen den von Sohm geschilderten Zustand einer Vormundschaft der weltlichen über die geistliche Gewalt. Calvin dagegen hat, zunächst in seiner Theorie, diese staatliche Vormundschaft ebenso wie die kirchliche beseitigt, indem er die religiösen Heiligungsaufgaben seines Staates der kirchlichen Tätigkeit nicht über- sondern nebenordnete und dessen Hilfsdienste für die Kirche als wirkliche zeitliche „Not"-Dienste an einer ebenbürtigen Macht auffaßte.

Es lag daher in dieser theoretisch scharf umrissenen Lehre von dem harmonischen Nebeneinander einer starken, selbständigen Kirche und eines durch religiöse Weihe mächtigen Staates eine doppelte Möglichkeit für die Zukunft vorgebildet: Es konnte der Calvinismus, solange das Zeitalter der großen religiösen Kämpfe und Interessen währte, von dieser Grundlage aus die Forderung erheben, durch engstes Zusammenwirken der beiden aufeinander gestützten Mächte das ganze Leben „bibliokratisch" zu durchdringen und religiös zu binden, wie es besonders im Genfer Gottesstaate mit großartiger Folgerichtigkeit geschah, aber auch noch während der ganzen Dauer der Konfessionellen Epoche dem Calvinismus seine politische Stoßkraft gab. Es konnte jedoch andererseits auch die Entwicklung nach dem Ende dieser konfessionellen Zeit von den gleichen calvinischen Voraussetzungen aus viel leichter zu einer Trennung der beiden fest in sich begründeten und fremder Hilfe nicht bedürftigen Mächte führen, als dies im Katholizismus und Luthertume damals möglich war. Die ursprüngliche Lehre des Reformators bewies somit in ihrer historischen Auswirkung die Fähigkeit, sich zwei grundverschiedenen Geistes-Epochen nacheinander anzupassen —: eine kulturgeschichtlich höchst bedeutsame Erscheinung, die sich in ähnlicher Weise, wie sich zeigen wird, auch in den anderen Teilen der calvinischen Staatslehre wiederholt.

3.

Staat und Volk. — Das Ideal der aristokratischen Republik.

Neben der Umwandlung und Ablösung der religiösen durch rein weltliche Gesichtspunkte sucht man den Anfang „neuzeitlichen" Staatsdenkens zumeist in der Zersetzung der „mittelalterlichen" Idee eines christlichen Universalreichs durch den modernen Gedanken des nationalen Staates. Zunächst will es nun scheinen, als ob diese Anknüpfung der Staatslehre an Volk und Nation allein eine Folge der Verweltlichung des staatlich-politischen Denkens gewesen sei; wie man ja auch umgekehrt die frühere Forderung eines christlichen Universalreichs als eine Folge des Übergewichts religiöser Gesichtspunkte über alle weltlichen und damit auch die nationalen ansehen darf. In der Tat ist die gesamte Staatslehre der hierokratischen Zeit stets von der alles beherrschenden Vorstellung eines einheitlichen „Corpus christianum" ausgegangen, das in Kaiser oder Papst eine gemeinsame Spitze haben soll. Und wenn die spätere Entwicklung, zunächst in Frankreich und Italien, allmählich den neuen Grundsatz des nationalen und Einzelstaates geltend machte, so geschah dies hier wirklich unter rein weltlichen Gesichtspunkten. Ja, man möchte sagen, daß bei den Politikern und Staatsdenkern dieser Länder die nationalstaatliche Idee desto mehr hervortrat, je weniger religiöse Motive bei ihnen von Bedeutung waren: Ein Macchiavelli etwa wollte die Religion aus der Politik ganz ausgeschaltet wissen.

Bei dieser Entwicklung handelte es sich jedoch vornehmlich nur um eine Umgestaltung und Erneuerung der wissenschaftlichen Staatslehre. Wenn die Idee des Volkes und der Nation nun aber bald auch in der praktisch wirksamen Staatsanschauung, zumal in den großen konfessionellen Kämpfen, eine Rolle zu spielen begann (man denke nur an den Freiheitskampf der Niederländer gegen die spanische Herrschaft!), so liegt die Vermutung nahe, daß es doch auch engere Verbindungen der hierokratischen Weltanschauung mit der aufkeimenden Idee des nationalen Staates in jener Zeit gegeben haben muß —, falls man nicht etwa die Ursachen für das Hervortreten des Volksbegriffs im damaligen Staatsdenken ausschließlich in äußeren politischen Ereignissen suchen will. Wir glauben nicht zu irren, wenn wir aus Calvins eigenartiger religiöser Stellung zum Leben in dieser Hinsicht eine — zum mindesten für die calvinistischen Völker — folgenreiche Kräftigung der Volks- und Nationalstaatsidee durch religiöse Motive hervorgehen sehen.

Wir wollen uns dabei mit wenigen Andeutungen begnügen. — Nicht nur die katholische Scholastik pflegte in ihrer Staatslehre sehr rasch über Volk und Nation zur Gesamtheit der Christenheit fortzuschreiten; auch Luther suchte einen in religiöser Hinsicht wesentlichen Faktor außer im einzelnen Gläubigen, der unmittelbar vor seinem Gotte steht, höchstens noch in der Christenheit als einem Ganzen, während ihm Staat und Volk — gleich der sichtbaren Kirche! — allein als weltliche Mächte galten. In Calvins Staatslehre dagegen gewinnt die Volkseinheit gerade dadurch ihren besonderen Wert, daß sie wichtige religiöse Aufgaben erfüllt. Das Sektenideal wird von ihm sozusagen auf ganze Volksgemeinden übertragen: Nicht an die Einzelseelen allein richtet sich die religiöse Forderung, sondern zugleich an eine größere Gruppe, in welcher jeder Einzelne als ein dienendes Glied erscheint. Nach dem Gebote Gottes die Gesamtheit zu einem „heiligen Volke" zu erheben — zu einem peuple sainct (z. B. 56, 64) —: so lautet daher die Forderung, die bei Calvin in allen Schriften wiederkehrt. Nach seiner Überzeugung tritt eben Gott der Herr nicht bloß mit einzelnen Auserwählten, sondern auch mit ganzen Völkern, die dadurch aus der Schar der übrigen herausgehoben werden, in eine besondere enge Verbindung. Bevor Calvin in der Institutio die Prädestinationslehre näher erläutert, schickt er deshalb einen Abschnitt voraus, der von der Erwählung ganzer Völker handelt. Das Angebot des Lebensbundes, welches Gott einem Volke in seiner Gesamtheit durch seine Einladung macht — heißt es hier — genügt zwar noch nicht zur individuellen Prädestination aller Glieder des Volkes, sondern diese muß noch in jedem Falle besonders hinzutreten. Aber immerhin bleibt solch ein enges Bundesverhältnis Gottes zu einem Volke etwas Großes; denn die äußere Heraushebung aus der Masse der Menschheit ist „ein Mittleres zwischen der Verwerfung des Menschengeschlechts und der Erwählung einer kleinen Zahl von wahrhaft Frommen!"[1])

Das große Beispiel gibt das Alte Testament. Die Art, wie Gott seinen Bund mit seinem Volke Israel schloß, um dann in ständiger Beziehung zu diesem „auserwählten Volke" zu bleiben, darf allen übrigen Völkern zum Muster dienen. In diesem Zusammenhange gingen daher zahlreiche alttestamentliche Wendungen und Bilder in die calvinische Ausdrucksweise über. Wenn sie stilistisch vielleicht noch stärker hervortreten, als es sachlich berechtigt wäre, so darf man sich dadurch freilich nicht verführen lassen, Calvins Tendenz, die Volksgemeinschaft als wichtigen religiösen Faktor hochzuhalten, etwa zu überschätzen. Aber es kann doch auch kein Zweifel daran sein, daß man jener Idee des „heiligen Volkes", welche die altcalvinistischen Völker durchdrungen und begeistert hat, nur dann völlig gerecht zu werden vermag, wenn man sie als ein Glied der spezifisch calvinischen religiösen Stellung zum staatlichen Leben begreift. Zwar wurde bei dem Reformator selber der überkommene christliche Universalismus durch den Gedanken eines „Bundes christlicher Völker, in dem jedes Volk in seinem Bezirke die Idee des Gottesstaates verwirklicht", — wie sie der spätere Calvinismus, nach Troeltschs Formulierung[2]), dann vertrat — noch nicht bewußt verdrängt. Aber schon er konnte doch die damals noch lebendige Idee einer weltlichen und geistlichen Universalmonarchie kurzerhand als „absurdissimum" von jeder Diskussion ausschließen[3]), so daß sie in der Tat in seinen Überlegungen keine Rolle mehr spielte. Damit war die Voraussetzung für die weitere Entwicklung geschaffen.

Wir können uns an diesen knappen Hinweisen für das uns hier allein interessierende Resultat genüge sein lassen und dürfen

---

[1]) III 21, 7: Externa mutatio ... medium quiddam est inter abiectionem humani generis et electionem exigui piorum numeri.

[2]) Soziallehren, S. 670; vgl. auch 727f.

[3]) 29, 601: Verum sit sane, ut volunt, bonum atque utile, orbem totum monarchia una contineri (quod est tamen absurdissimum; sed ita sit), non tamen propterea concedam, id ipsum in ecclesiae gubernatione valere." Vergl. auch Beyerhaus, 110ff. und 115f. — Vielleicht hängt hiermit auch Calvins praktische Vorliebe für kleinere Staatsbildungen zusammen, in deren engen Verhältnissen das Ideal des „Heiligen Volkes" leichter verwirklicht werden kann als in großen Staaten. Vgl. die Äußerungen gegen die aufstrebenden Großstaaten: 68, 597f.; 64, 168 u. 331. Hierüber auch Kampschulte I. 413.

schließen: Wenn in den weithin wirkenden Schriften des Reformators das Volksganze in so hoher religiöser Schätzung zu stehen pflegt, daß man bisweilen fast an die Würdigung der Volksgemeinschaft in der modernen weltlichen Staatslehre gemahnt wird, so hat Calvin damit in die große Antithese eines christlichen Universalismus und eines von aller Religion unabhängigen nationalstaatlichen Denkens ein Element hineingetragen, welches die beiden scheinbaren Gegensätze miteinander verband, zunächst auf die politische Entwicklung des Konfessionellen Zeitalters und später besonders auf die angelsächsische Anschauungsweise, für die die eigene Nation zugleich die von Gott erwählte ist, einen namhaften Einfluß gewann.

* * *

Die Ablehnung des scholastischen „Einheitsprinzips" machte sich bei Calvin nicht nur in seiner Gleichgültigkeit gegen die Forderung eines christlichen Universalstaats, sondern ebenso auch in seiner Stellung zu den verschiedenen Verfassungsformen geltend. Auch in der Frage nach dem Vorzug von Königtum oder Republik spielte das alte argumentum unitatis, für das der Staat als einheitlicher Organismus auch eines einzigen Hauptes, eines Monarchen, bedarf, bei Calvin keine Rolle mehr. Nicht dieses allgemeine formale Prinzip, sondern allein die Umstände von Zeit und Ort dürfen nach seiner Ansicht jeweilig die Entscheidung geben, und in der bloßen Theorie ist es nicht leicht, gerecht abzuwägen, welche der reinen Staatstypen, die man nach Aristoteles herkömmlich unterscheidet, den größten Vorzug verdient: adeo aequis conditionibus contendunt.[1]) Im Gegenteil — so fährt die Institutio an dieser wichtigen Stelle des Abschnitts „de politica administratione" fort —, schon die Verschiedenheit der großen geographischen Räume lehrt, daß den einzelnen „Regionen" gewiß nach Gottes Willen auch verschiedene Verfassungsformen (diversae politiae) entsprechen sollen. Man darf sogar geradezu den allgemeinen Satz aufstellen: Wie alle Elemente nur durch die Ungleichartigkeit ihrer Temperaturen untereinander zusammenhalten, so stehen auch die verschiedenen Regionen der Erde am besten gerade durch eine gewisse Ungleichartigkeit ihrer Verfassungen in politischer Harmonie!

---

[1]) IV 20, 8: .. quum magna huius disputationis ratio in circumstantiis posita sit." — Ebenso 52, 662 und 58, 488.

So war der Weg frei für eine Betrachtung des Verfassungsproblems, wie es Calvins religiösen Überzeugungen entsprach. Die extreme Forderung der Theokratie, die sich hinter seiner Formel der „Souveränität Gottes" verbarg, mußte da der Monarchie gefährlich werden. Je unerschütterlicher nämlich die göttliche Oberherrschaft als ein „rocher de bronze" erschien, desto mehr befestigte sich bei dem Reformator die Überzeugung, daß jedes Erbkönigtum, von welchem die Behauptung des Adels eines bestimmten Geschlechts nicht zu trennen ist, daß jede außerordentliche Gewalt eines einzigen Mannes gewissermaßen von Natur eine Konkurrenz mit Gottes höchster Herrschaft bedeute und damit eine „Majestätsbeleidigung" in sich schließe.[1]) Dann aber kann die Monarchie keine Gott wohlgefällige und jedenfalls nicht die beste Staatsform sein! Es ist ein merkwürdiges Schauspiel, wie gerade die Übersteigerung des „mittelalterlich"-theokratischen Gedankens der alleinigen Souveränität Gottes auch über alle irdischen Verhältnisse zuletzt bei Calvin nicht nur zur Überwindung des christlichen Universalismus, sondern der christlich fundierten Monarchie selber Anlaß gibt und neuen individualistischen und demokratischen Mächten im Staatsleben die Wege ebnet. Denn alles, was den Wert der Monarchie von diesen religiösen Gesichtspunkten aus herabsetzt, kommt der Schätzung der republikanischen Verfassungsform zugute, die keine sterblichen Menschen zu kleinen irdischen Göttern macht und überhebliche Verletzungen der göttlichen Souveränität viel leichter auszuschließen scheint als der summus imperii gradus des alleinherrschenden Fürsten. Vor allem vermag allein die Republik die positiven Forderungen zu befriedigen, die sich aus der calvinischen Religiosität für das staatliche Leben ergeben: Nur sie bietet eine Verfassung, die jedem würdigen Bürger Freiheit und Mitbestimmung gewährt und damit einen Staat der Prädestinierten möglich macht. Je mehr in Genf ein Gottesreich Wirklichkeit zu werden schien, desto mehr trat daher dies höchste Ideal in Calvins Predigten und Vorlesungen in den Vordergrund. Seit den fünfziger Jahren gab es in diesen keine Halbheit mehr: Die „Sermons sur le Deuterome" (1555) oder gar die „Homiliae in librum Samuelis" (1563) enthielten ein einziges großes Lob der Republik und eine Schmähung jedes Königtums.

[1]) 52, 368: Minime aequum . . ., ut regno hominis mortalis minuatur Dei maiestas. — Ähnlich 68, 682 und 707. Vgl. auch Beyerhaus, S. 87.

Das große Hauptwerk, die Institutio, die nicht zuletzt für Fürsten, große Herren und Persönlichkeiten in leitenden Stellungen in aller Herren Ländern bestimmt und einem Könige als Widmung dargebracht war, blieb freilich in ihren Formulierungen stets auf einem maßvolleren Standpunkte stehen als diese kleineren gelegentlichen Schriften und gab jene Erörterungen des Für und Wider aller Staatsformen neben der These der gottgewollten Verschiedenartigkeit der Verfassung je nach Volk, Zeit und Umständen niemals auf. Doch läßt sich auch in den Gedankengängen dieses Hauptwerks, das man zuerst gesondert befragen muß, weil es mehr als irgendein anderes Buch auf die geistige Entwicklung der calvinistischen Völker Einfluß gewann, eine zeitliche Entwicklung feststellen, von einer fast neutralen Stellungnahme der Ausgabe des Jahres 1536 zur offenen Bevorzugung der Republik vor der Monarchie in den vierziger und noch mehr seit den fünfziger Jahren.[1])

Bereits in der Ausgabe der Institutio von 1536 findet sich im IV. Buche — am Ende des 7. Abschnitts des 20. Kapitels — jene bereits (S. 16 und Anlage 1) angeführte Stelle, die mit offensichtlichem Bedauern feststellt, daß Paulus das göttliche Gebot, der Obrigkeit gehorsam zu sein, gerade am Beispiel der Monarchie erläutert habe: der Monarchie, die doch allen die am wenigsten willkommene Staatsform war und bei keiner heroischen und hervorragenden Persönlichkeit Billigung finden konnte, weil sie die Knechtschaft aller mit sich führt, mit Ausnahme des Einen, der alle andern knechtet. Resignierend fügt Calvin hinzu: Doch die Heilige Schrift gebraucht nun einmal diese Wendung! Entsprechend bleibt im folgenden Abschnitt — dem 8. des Kapitels, der dann von Ausgabe zu Ausgabe entscheidende Änderungen und Erweiterungen erfuhr — die Stellungnahme zum Ideal der Staatsform neutral abwägend. Es wird für jede Verfassungsform gleichmäßig festgestellt, daß der Schritt (lapsus) zur Ausartung nicht groß sei, weder vom Königtum zur Tyrannis noch von der Optimatenherrschaft zur Oligarchie, am kleinsten der von der Volksherrschaft zur Anarchie (multo vero facillimus a populari dominatione in

[1]) Trotz der ständigen Rücksicht auf politische Wirkungen, denen zuliebe Calvin z. B. die sehr aristokratische Fassung von 1543 in der für das monarchische Frankreich bestimmten Übersetzung (von 1545) wieder abgeschwächt hat! (So Köstlin, nach der Notiz bei Kampschulte I, 418, A. 1).

seditionem). Aus diesen und anderen Gründen[1]) sei es Pflicht eines jeden, der Verfassung gehorsam zu sein, welche Gott dem Staate, in dem er lebe, nun einmal gegeben habe. — Nur in dem einen Punkte wird also in dieser ersten Ausgabe der Institutio über eine theoretisch neutrale Erwägung der besten Verfassung hinausgegangen, wo Calvins persönlicher Freiheitssinn sich gegen die paulinische Anerkennung der Monarchie auflehnt.

In der Ausgabe von 1543 erfolgte eine offenere Stellungnahme. Wie weit es sich dabei um eine innere Entwicklung des Reformators, wie weit nur um eine offenere Erklärung handelte, ist freilich schwer zu sagen. Auf jeden Fall wird sich Calvins Entscheidung für die Republik in dieser Zeit gefestigt haben. Es wollte in der Tat viel besagen, wenn er sich jetzt in seinem großen Hauptwerke vor aller Welt offen für sie bekannte. Im Anschluß an die Erwägung, daß eine jede Verfassungsform leicht zur Ausartung neige, fanden jetzt die berühmten Sätze ihren Platz: Ich für meine Person möchte mich bei theoretischer Betrachtung (si in se considerentur) der drei von der Philosophie unterschiedenen Regierungsformen noch am ehesten dafür entscheiden (minime negaverim), daß die Aristokratie oder eine aus ihr und der Demokratie gemischte Verfassung (temperatus ex ipsa et politia status) alle anderen weit übertreffe! Denn dafür zeugt sowohl die Lehre (experimentum) der Geschichte wie der Wille Gottes, der aus jener aristokratischen, halb an die Demokratie grenzenden Staatsform zu uns spricht, welche Gott einst dem israelitischen Volke gab (aristocratiam politiae vicinam apud Israelitas instituit). Und ich gestehe es auch frei — fährt Calvin fort —, daß keine Art der Regierung mehr Glück zu schaffen vermag als die, wo Freiheit in den gebührenden Schranken und für alle Zeit besteht. Glücklich, die in solcher Lage ihr Leben verbringen dürfen! Nur ihre Pflicht erfüllen sie, wenn sie sich bis aufs letzte mühen, einen solchen Zustand zu bewahren und zu erhalten. Auch ihre Behörden haben die Pflicht, mit allem Eifer darauf zu sehen, daß die Freiheit, zu deren Schützern sie bestellt sind, nicht verletzt noch angetastet werde. Denn wenn sie in dieser Pflicht lässig sind oder auch nur zu wenig aufmerksam, dann sind sie treulos in ihrem Amte und Verräter an ihrem Vaterlande! Doch vergessen sie gar, sich als Obrigkeiten eines freien Staates zu

---

[1]) Es folgt hier das oben (S. 61) mitgeteilte Argument der Harmonie des Verschiedenartigen.

fühlen, so wäre das nicht nur die Denkungsart von Toren, sondern verbrecherisch! (29, 1105f.)

Erst nach diesen leidenschaftlichen Äußerungen folgte der in allen Ausgaben unveränderte Gedanke, daß in der Praxis dennoch verschiedene Staatsformen nebeneinander bestehen müßten. In seiner persönlichen Wertung aber war Calvin über diese Einschränkung nunmehr hinausgegangen. Wenn Gott einmal einem Volke die freie Selbstbestimmung und das Recht gegeben hat, seine Obrigkeit selber zu wählen, dann ist dies keine Verfassung mehr wie die anderen auch, sondern das größte Geschenk für ein Volk, das zu bewahren und zu schützen heilige Pflicht der Beschenkten ist. Der Republik kommt also der höchste sittliche Wert zu. Wo Gott sie zugelassen hat, da treibt nicht der Gedanke an bloße Nützlichkeit der Verfassung, sondern sittliche Pflicht und Gottes Wille die Bürger zu ihrer Verteidigung: Diese Überzeugung sollte in den Seelen der calvinistischen Völker feste Wurzeln schlagen!

Noch findet sich indessen in dieser Ausgabe von 1543 kein sachlich begründeter Angriff auf die Monarchie. Jene gefühlsmäßige Abneigung der „heroischen" Persönlichkeit bleibt der einzige, halb versteckte Vorwurf gegen sie. Nur das 8. Kapitel des IV. Buches, das eine allgemeine Polemik gegen die päpstliche Universalmonarchie führt, enthält einen auch staatstheoretisch bemerkenswerten Gedanken, den wir ebenfalls (o. S. 60) bereits erwähnten: Neben der päpstlichen wird hier die weltliche Universalmonarchie knapp und schroff als „absurdissimum" abgefertigt. Dabei wird das Argument für diesen Angriff auf alles „mittelalterliche" Herkommen der religiösen Kernidee der Reformation entnommen. Da „allen Sterblichen ohne Ausnahme ein Platz im Ganzen des christlichen Körpers zugewiesen ist und die Ehre und der Name seines [geistigen] Hauptes Christus allein zusteht", heißt es hier nämlich, so kann „jedem einzelnen Gliede nur ein bestimmtes Maß, nur eine begrenzte und beschränkte Funktion im Ganzen zugewiesen sein ... und die Herrschaft über das Ganze bei Christus, dem himmlischen Haupte, allein gefunden werden"! Die reformatorische Idee des allgemeinen Priestertums, der Gedanke, daß keinem einzelnen schwachen Menschen eine absolute göttliche Erleuchtung und darum auch nicht die Stellung eines unumschränkten Hauptes zufallen könne, wird damit, in einem beiläufigen Zusatz, vom kirchlichen auf das weltliche Gebiet übertragen. Nachdrücklicher geschah diese Übertragung auf das staatliche Bereich dann freilich erst in den späteren Ausgaben der Institutio. Um so wichtiger ist es, daß diese Argumentation zuvor in den religiösen Lehren des Reformators vorbereitet worden war.

Die Ausgabe von 1559, die für die Folgezeit dauernde Fassung der Institutio, brachte endlich von dieser Grundlage aus eine positive Kritik der Monarchie. Hatte der Wortlaut des Jahres 1543 behauptet, daß die Aristokratie oder eine aus ihr und der Demokratie gemischte Staatsform, theoretisch genommen, alle andern weit übertreffe, so heißt es nunmehr: Zwar nicht aus innerer Notwendigkeit stamme diese Überlegenheit der Republik über die Monarchie, aber aus der allgemeinen Erfahrung, daß Könige nur selten ihre schlechten Triebe und die Neigung zu tyrannisch-gesetzlosem Handeln bezähmen könnten und daß das Königsamt von seinem Träger eine Weisheit fordere, die nur selten einem Menschen beschieden sei. Sicherer fahre man daher, wenn die Herrschaft unter mehrere geteilt wird. „Dann kann der eine dem andern Helfer, Berater und Mahner sein, dann sind, wenn einer über Gebühr sein Haupt erhebt, andere zur Stelle, ihn zu mahnen und seine Begier zu zügeln"![1]) Damit geht dann das Lob der (aristokratisch aufgefaßten) Republik in jene Schilderung ihres Wertes über, die sich schon in der Ausgabe von 1543 fand. — Der Kern des Argumentes, das Calvin der neuen Ausgabe eingefügt hat, ist demnach der Gedanke, daß jedem Menschen — sei es auch dem höchstgestellten — eine menschliche Schwäche und Fehlerhaftigkeit eigen sei, die es verbiete, ihm diejenigen Eigenschaften zuzutrauen, die ein Monarch besitzen müßte, um sein Amt gebührend auszufüllen, und die doch nur Gott oder Christus allein zukommen können. Das letztere sagt Calvin zwar nicht; aber wir dürfen in seinem Sinne diese Folgerung ziehen, da sie — wie dargelegt wurde — im 8. Kapitel desselben Buches schon früher ausdrücklich formuliert worden war. Der neue Einschub ist eben nichts als eine unzweideutigere Übertragung des dort gegen die kirchliche Universalmonarchie geltend gemachten Arguments auf das weltliche Gebiet! Hatte Luther noch aus seinen religiösen Grundüberzeugungen nur die Verwerflichkeit des päpstlichen Supremats gefolgert, so zog Calvin daraus jetzt auch

[1]) Ut alii aliis mutuo sint adiutores, doceant ac moneant alii alios, ac si quis plus aequo efferat, plures sint ad cohibendam eius libidinem censores ac magistri (30, 1098).

politische Konsequenzen und übertrug damit die reformatorische Grundidee auf das staatlich-soziale Gebiet. Freier als Luther von dem lähmenden Bewußtsein, im Sündenstande unabänderlich verstrickt zu bleiben, hatte er es gewissermaßen nicht mehr nötig, die „weltliche Hierarchie" duldend hinzunehmen. Wie Luther im römischen Papste, so haßte er auch im weltlichen Tyrannen eine widergöttliche Macht. Wie für Luther das Papsttum verschwinden mußte, wenn die Kirche ihrer eigentlichen Aufgabe, die individuelle Erlösung der Gläubigen zu erleichtern, genügen sollte, so wandte sich der Genfer gegen die Tyrannis, ja das Königtum überhaupt als gegen ein Hindernis für die Errichtung des gottgewollten Staates, der allen Frommen und Prädestinierten Freiheit zur Selbstentfaltung und gemeinsamen Heiligung auf Erden geben soll.

Dieser Zusammenhang von Calvins republikanischem Staatsideal mit seiner Religiosität erklärt allein die große Wirkung, die davon während des Konfessionellen Zeitalters auf alle calvinistischen Völker ausgegangen ist, obgleich der Reformator dieses höchste Ziel mit aller Vorsicht gegen voreilige, radikale Auslegungen geschützt hatte. Noch in den letzten Ausgaben der Institutio blieb die Warnung unverändert stehen: Man dürfe nie vergessen, daß Gott aller menschlichen Vernunft zum Trotz nun eben doch einmal verschiedene Verfassungsformen nebeneinander bestehen lasse und für diesen seinen Willen Gehorsam heische; daß die Natur mit ihrer Harmonie des Ungleichartigen eine vollkommene Parallele hierzu biete (o. S. 61) und daß der Mensch, unbeschadet seiner Pflicht, dereinst einen vollkommenen Staat auf Erden herzustellen, im Augenblicke alles andere als ein vollkommenes Wesen und darum zuerst einmal zum Respekt gegen die überkommene Autorität verpflichtet sei[1]). Selbst in den Predigten und Kommentaren, wo äußere Rücksichtnahme weniger nötig war als in dem großen systematischen Hauptwerke, versäumte Calvin es nie, neben der Kritik der Monarchie auch die Gefahr der Korruption in Republiken hervorzuheben —, freilich wohl mit dem wichtigen Unterschiede, daß im einen Falle die monarchische Staatsform als solche, im anderen nur die jeweilige

---

[1]) In die Ausgabe von 1559 wurde sogar noch eine neue Warnung gegen diejenigen eingefügt, die meinen, sie seien als vollkommene Christen eines solchen Gehorsams ledig: Perfectionem sibi arrogant, cuius ne centesima quidem pars in illis conspicitur! (IV 20, 5).

Ausübung der Wahlen durch das Volk verderbt erschien.[1]) Vor allem aber fehlte niemals der Gedanke, daß keineswegs jedes Volk zu jeder Zeit für die ideale Staatsform, die Republik, reif sei. Nur das Eine eben unterscheidet Calvin dabei so stark von Luther, daß er diese Unreife nicht für eine unveränderliche Folge des Sündenstandes hält, sondern der festen Überzeugung lebt, die Staatsform müsse von der sittlichen Bildungshöhe der Bürger abhängig bleiben und zuletzt einem gottgewollten Ziele zustreben (z. B. 55, 411).

Deutlicher noch als in der Institutio treten die religiösen Wurzeln des calvinischen Staatsideals in den Vorlesungen und Kommentaren der fünfziger und sechziger Jahre, welche die Genfer Erfahrungen verwerten, zutage. Wenn deren Wirkung und Verbreitung hinter der Institutio auch weit zurücksteht, so spiegeln sie dafür unverhüllter die persönlichsten Gedanken des Reformators wider als das offizielle Hauptwerk.

Auffällig ist hier auf den ersten Blick die größere Schärfe der Kritik an der Monarchie im Vergleich zu allen Ausgaben der Institutio. In dieser wurde, wenigstens an den Hauptstellen, stets nur die Frage gestellt, wie weit die Monarchie den religiösen Bedürfnissen und Nützlichkeitsinteressen der Menschen entspräche; wie sie sich zu Gottes unantastbarer Souveränität verhielte, blieb prinzipiell dort unerörtert. Die Predigten und Vorlesungen hingegen kehren immer wieder zu dem Hauptbedenken zurück, daß die außergewöhnliche Stellung eines Fürsten an sich die Macht und Hoheit Gottes mindern müsse. Vor entschiedenen Folgerungen aus dieser Anschauung schreckte Calvin nicht zurück: In Wahrheit „kann Gottes Souveränität nicht unversehrt bestehen, bis alle Sterb-

[1]) 63, 150 (Serm. sur le livre Job. 1563): Nach der Feststellung, in einer Erbmonarchie müßten sich Günstlingswirtschaft, Rechtsverdrehung usw. einstellen, heißt es: Aber auch da, wo man das Recht der Wahl von Gouverneurs hat, wählt man statt gerechter Männer Verbrecher usw.! — Also: Bei gleichen Ergebnissen ist die Ursache einmal eine mehr prinzipielle, unveränderliche, das andere Mal mehr eine in Verfehlungen der handelnden Personen begründete, also temporäre. Die Erbfolge der Könige in Monarchien schlechthin und die unlautere Wahl (nicht die Wahl schlechthin!) in Republiken werden daher zusammen auf eine Stufe gestellt: Quand donc les rois et les princes, et leurs officiers, et les magistrats, qui seront esleus parviennent par tel moyen diabolique à leur degré: il faut bien que les meschans dominent.

lichen in ihrer Macht vor ihm zu einem Nichts geworden sind"![1]) Diese Überzeugung durchzog alle Predigten des Reformators. Darum empörte es ihn, daß Könige wagen, sich mit dem Munde „per Dei gratiam" zu nennen und äußeren Zeremonienkult zu treiben, durch ihre Taten aber, machtbetört, Gott ihren Kreisen nur desto ferner halten (59, 768). Ist es nicht schon ein Verbrechen gegen Gottes Majestät, wenn sie ihre Herrschgewalt für eine Frucht eigener Tüchtigkeit und eigenen Glückes halten und Truppen, Pläne und äußere Mittel für die Grundlage ihrer Macht? (68, 682.) Zwar kann Gott die Hoheit der Großen und Mächtigen, die er selbst eingesetzt und geduldet hat, nicht ihrem Wesen nach verhaßt sein. Da aber ihr gewöhnliches „vitium" die Überhebung, ja der Glaube an eigene Gottähnlichkeit und die „superbia" die fast regelmäßige Begleiterin der „altitudo" ist[2]), so wird in der Praxis das Königtum doch immer in einem Widerspruch zu Gottes Willen stehen.

Nicht nur im Widerspruch gegen das göttliche Gebot! Auch vom Standpunkte der irdischen Wohlfahrt aus hat Calvin die Monarchie in seinen Predigten noch weit rücksichtsloser angegriffen als in der Institutio. Der Cäsarenwahnsinn, der irdische Rausch der Macht, hat Herz und Sinn fast aller Könige verdorben; dieses Grundmotiv kehrt in den mannigfachsten Variationen wieder.[3]) Greifen wir einige charakteristische Beispiele heraus!

„Wir wissen es aus der Erfahrung — heißt es etwa — ‚daß noch fast alle Könige vom eigenen Glanze trunken wurden; mit gutem Grunde war darum einst jenes Sprichwort im Schwange: aut regem aut fatuum oportuit nasci!" Natürlich werden nicht nur Toren oder Narren Könige. „Aber wenn die Könige nicht als Toren geboren werden, so macht sie dann doch ihre Königstellung (dignitas) blind, so daß sie ihrer Pflichten gegen die Untertanen nicht mehr gedenken, sich frech überheben und unbekümmert in ihren Lüsten versinken, um schließlich ihrer selbst zu vergessen" (60, 56). „Welche Verderbnis", ruft daher Calvin 1563 im Kommentar zu Samuel I, in dem er seinem Widerwillen gegen das Königtum vielleicht den heftigsten Ausdruck gegeben hat, „welche Schmach ruht schon längst auf diesem Stande! . . . Übermütig und grausam lösen die Könige sich von der Gottesfurcht und ihre Untertanen

[1]) 68, 686: Sequitur ergo Deo ius suum non constare integrum, donec cuncti mortales in nihilum redacti fuerint.

[2]) 64, 391; vgl. Beyerhaus S. 116.

[3]) So 64, 217 oder 68, 610.

behandeln sie nicht anders denn als Tiere. Ja, meinen sie denn, ihrer Herrscherstellung wegen außerhalb des menschlichen Standes zu stehen"? (57, 555.) Nicht um die Schuld einzelner Herrscher handelt es sich dabei; Calvin ist überzeugt, daß das Übel im Wesen der Monarchie selber begründet liege: Überall wo Fürsten herrschen — princes, im Gegensatz zu gouverneurs! — wird das Recht verdreht, weil Ehrgeiz und Begierde alles beherrscht. Günstlingswirtschaft, Korruption und Ämterhandel machen sich da breit.[1]) Der Samuelkommentar unternimmt sogar einen unzweideutigen Angriff auf den römischen Rechtssatz (Digest. 1, 3, 31) ‚princeps legibus solutus est': Sane nimium arrogans illa vox: Nullis subiectum esse legibus: nihilo minus tamen usu recepta in Imperatorum Romanorum institutis.[2]) Doch nicht nur dieser Rechtsüberhebung wegen

[1]) 55, 410. — Vgl. auch 57, 556: Monarchae sunt instar rapidissimorum amnium longe et late terras vastantium.

[2]) 57, 553. — Vgl. darüber die eingehende Darstellung bei Beyerhaus, S. 126—129. — Beyerhaus ist bestrebt, aus der angeführten Stelle eine staatsrechtlich klar formulierte Stellungnahme Calvins zu erschließen. Er beruft sich dafür auf den wenige Zeilen vorhergehenden Satz: „Vetus enim illud proverbium tyrannis usitatum, sit pro ratione voluntas" und folgert: „Durch die Bezeichnung ‚tyrannis' wird der in Digest. 1, 3, 31 formulierte Gesetzesinhalt als im Widerspruch gegen das Ius (divinum et civile) und damit wohl auch für formell nichtig und unverbindlich erklärt" (S. 128). Es liegt auf der Hand, daß mit jeder derartigen Auslegung Calvins Absichten Gewalt angetan wird. Dieser hätte sonst grundsätzlich die rechtliche Bindung des Fürsten an Gesetze für rechtsnotwendig halten müssen! Davon kann aber gar keine Rede sein. — Wie wenig der Gebrauch juristischer Termini technici bei Calvin in Wahrheit staatsrechtlich gemeint ist, beweist der wenig später (57, 557) folgende Satz: Reges non possunt sine consiliariis legitime consiliari, et publica negotia administrare, quare tyrannus a legitimo principe distinguitur. Hier möchte man wiederum beim ersten Blicke annehmen, die Befragung von Ratgebern in wichtigen Angelegenheiten werde als Voraussetzung jeder „legitimen", d. h. gesetzmäßigen, Regierung gefordert. Im nächsten Satze gibt jedoch Calvin selbst die Definition des „legitimen" Magistrats: Tyrannus sola voluntate et libidine sua imperat: contra legitimus magistratus consilio et ratione, ita ut publicae utilitati et commodis maxime studeat. Woraus hervorgeht, daß die „Legitimität" nicht von der Einhaltung juristischer Bindungen, sondern von dem sittlichen Willen des Herrschers (ob er nämlich seiner besten Einsicht oder seinen Begierden folgt) abhängt! Von einer Rechtsforderung ist Calvin also hier wie sonst weit entfernt. — Übrigens ist Beyerhaus' Argumentation in diesem Falle auch in den Einzelheiten nicht stichhaltig. Er meint selbst, daß zwar nicht der im Texte zitierten Hauptstelle, aber doch dem Satze: „Vetus enim illud proverbium tyrannis usitatum, sit pro ratione voluntas" wegen der Anwendung des Terminus technicus

nagt der Wurm am Holze des Königtums; das Schlimmste ist seine unentbehrliche Grundlage, die Erblichkeit. Der junge Prinz, ein König schon im Mutterleib, wird er nicht in Verhältnisse hineingeboren, die ihn zum Günstlingsregiment und zum Cäsarenwahn geradezu erziehen müssen?[1]) Was für ein Kind auch der Zufall dem Könige schenkt, es wird ihn beerben, sei es auch der unvernünftigste Narr oder der grausamste Tyrann! (55, 460.) So bricht Calvins Freiheitssinn durch alle Bedenken hindurch: „Daß Könige nach Erbrecht auf dem Throne folgen, scheint mit der Freiheit unvereinbar!" ruft er.[2]) Weder den religiösen Forderungen noch der persönlichen Freiheit des Einzelnen in der Welt, wie Gott sie will, vermag also das Königtum zu genügen. So hat es denn Calvin zum mindesten da, wo er von dem religiösen Wert der einzelnen Staatsformen sprach, ohne Einschränkung verworfen.[3])

„tyrannus" auch juristische Bedeutung zukäme. In Wahrheit ist aber an dieser letztern Stelle überhaupt nicht (wie Beyerhaus voraussetzt) von dem Digestensatz, der den Herrscherwillen über die Gesetze, sondern von dem „alten Sprichwort", das die Herrscherwillkür über die Vernunft setzt, die Rede! Man hat also gar kein Recht, diesen Satz als juristische Erläuterung der Hauptstelle anzusprechen.

[1]) 63, 150: Les rois qui sont faicts dès le ventre de la mere, ils parviennent à la couronne par heritage: autant en-est-il des princes. Après ils donneront les offices à leurs maquereaux, à gens de nulle valeur, comme on sait quels sont les courtisans: ou bien ils les vendront, et ainsi toute la iustice sera ruinée.

[2]) 71, 374; ähnlich 55, 459. — Vgl. auch 57, 535, wo es Samuel als Eigennutz verübelt wird, die Nachfolge im Richteramte auf seine Nachkommen erblich übertragen zu haben.

[3]) Wichtig ist in diesem Zusammenhange die Art, wie sich Calvin mit dem altisrealitischen Königtum abzufinden weiß.

Daß Calvin im Staate der Richterzeit die ideale Aristokratie verkörpert glaubte und in der Einführung des Königtums unter Saul — den er deswegen als Tyrannen haßte — ein großes Unglück sah, ist in dem Abschnitt über das „weltliche Persönlichkeitsideal" (S. 15 f.) bereits geschildert worden. Die Juden, die von Gott einen König erbaten und so das unschätzbare göttliche Geschenk der Freiheit leichtherzig fahren ließen, sind für Calvin „ingrats et rebelles", und wenn Gott sie durch den Mund Samuels warnt und die Bedrückungen durch das Königtum ausmalt, so setzt Calvin hinzu: En ce passage nostre Seigneur monstre, que quant à la police terrienne, il avoit choisi le meilleur estat qui fust au monde, c'est assavoir que la Loy fust sur le peuple ... (55, 459). Aber das israelitische Königtum bildet nun doch eine Ausnahme: es ist eben nicht nur ein irdischer Staat, sondern eine Vorbereitung auf das heilige „Königreich Christi." Nur im Hinblick auf diese besonderen Zwecke vermag sich Calvin damit abzufinden, daß Gott seinem auserwählten Volke eine monarchische Verfassung geben

In einer anderen Hinsicht noch tritt der Zusammenhang zwischen dem Verfassungsideal und der Religiosität des Reformators in seinen kleineren Schriften besonders klar hervor: in der Verknüpfung der idealen aristokratischen Republik mit der religiösen Grundidee der Prädestination einzelner überragender Persönlichkeiten. Wegen der Wichtigkeit dieses Zusammenhanges enthielt freilich schon die Institutio eine so ausführliche Würdigung der Vorzüge der Aristokratie, daß aus den späteren Predigten und Vorlesungen hierüber kaum viel Wesentliches hinzuzufügen wäre. Charakteristisch ist es aber doch, daß in diesen die demokratische Form der Republik noch weit schroffer abgelehnt wird als in jenem Abschnitt des Kapitels „de politica administratione", der über diese

---

konnte. Nach immer neuen Gründen sucht er für diese Unbegreiflichkeit. Zunächst scheint ihm David eine ganz besondere Stellung einzunehmen; er ist der Vorläufer Christi, eine frühere, unvollkommenere Inkarnation Gottes. Calvin schloß daraus (IV 20, 8), Gott wollte in Israel eine „aristocratiam politiae vicinam" nur solange erhalten wissen, „donec imaginem Christi produceret in Davide." Und (70, 365) „David non regnabat more vulgari, sed erat Christi figura." Infolgedessen vereinigte David auch als weltlicher Herrscher alle jene Eigenschaften, welche sonst sich in einem einzigen Menschen nicht zusammenfinden und deren Unvereinbarkeit in schwachen Menschen ein Hauptargument Calvins gegen die Monarchie war. Ausdrücklich spricht Calvin von einem Übermenschentume Davids, um darzutun, daß man aus diesem großen Vorbild für die Herrschaftsstellung gewöhnlicher Menschen keine Folgerungen ziehen dürfe. Raro in iuvenibus fortitudo cum prudentia convenit; quam ob rem eo fuit admirabilior Davidis virtus ... Praeterea qui consilio pollent, et iuri dicundo praesunt, non sunt plerumque audaces neque ad arma tractanda habiles, sed ratione et consilio insignes. Quin et multos viros bonos videas tamen non esse industrios: ex quibus fit nobis conspicuum: Deum extraordinarie Davidem istis virtutibus exornasse (58, 186). Seit David nimmt das ganze israelitische Königtum als eine Vorbereitung von Christi Reich eine besondere Stellung ein und kann nun nicht mehr mit gewöhnlichen Maßen gemessen werden. Dieser altisraelitische Königstaat hat „un tiltre special et plus sacré que les autres"; er ist „image de la verité qui a esté en nostre Seigneur Jesus Christ" (55, 458). Dieser Vorrang einer monarchischen Verfassung bleibt aber streng auf das alte Israel beschränkt; seitdem Christus auf Erden die Kirche begründete, ist diese allein sein „Königreich". Für das staatliche Leben der Gegenwart gelten darum — das, wird Calvin nicht müde, hervorzuheben — andere, weltliche Ideale: Hodie non habemus terrenum regem, qui sit Christi imago: sed Christus per se ecclesiam vivificat! (66, 635). — Im übrigen sei für Calvins Vorstellung des altisraelitischen Staates auf das besondere Kapitel verwiesen, das Beyerhaus (S. 130—145) diesem Gegenstande gewidmet hat.

Möglichkeit fast stillschweigend hinweggegangen war.[1]) In den Kommentaren und Predigten bricht bei den verschiedensten Gelegenheiten die Verachtung der Masse hervor, deren „pravitas", „levitas" und „stultitia" in jedem Volke zu Hause und überall unausrottbar seien[2]). Es scheint darum der Wert der Republik geradezu davon abzuhängen, wie weit sie imstande ist, die Klippe der Massenherrschaft zu umschiffen und die von Gott selbst dazu ausersehenen Persönlichkeiten an den rechten Platz zu bringen. Als Beispiel wählen wir die oft herangezogenen „Sermons sur le Deuteronome". Nachdem Calvin hier einmal die republikanische Staatsform, ähnlich wie in der Institutio, mit leuchtenden Farben als Gottes „Gnadengeschenk" und „Wohltat", die „der höchsten Schätzung wert erscheint", geschildert hat, fährt er fort: „Wenn nun ein Volk das Vorrecht hat, Richter und Obrigkeiten selbst zu wählen, . . . so soll es bei deren Einsetzung darauf achten, daß sie wie Stellvertreter (lieutenants) Gottes seien. . . Man suche stets diejenigen heraus, die dafür geeignet sind, als seien sie von Gott dazu bestimmt!"[3]) In diesen Sätzen wird jene weltliche Wendung des Prädestinationsgedankens, die wir früher bei Calvins Auffassung des durch „viri maximi" geleiteten altisraelitischen Richterstaates beobachteten, auch für die Gegenwart fruchtbar gemacht: Zu allen Zeiten scheinen einige große Persönlichkeiten von Gott nicht nur religiös prädestiniert, sondern zugleich zu weltlichen Führern der irdischen Gottesreiche berufen.

Man wird sich daher durch Wendungen wie die folgenden: Die beste Staatsform sei diejenige, wo das Volk das Recht besitze, „creare communibus suffragiis pastores" (71, 374), oder wo das Volk die Freiheit habe, „d'élire chefs et magistrats" (55, 411), nicht beirren lassen. Calvin hat damit nicht etwa, wie es auf den ersten Blick dünken könnte, die Demokratie empfehlen, sondern nur im allgemeinen die republikanische Freiheit im Gegensatz

---

[1]) Es wurde hier ja nur im allgemeinen angemerkt, die Demokratie neige am leichtesten unter allen Staatsformen zur Ausartung.

[2]) Z. B. 76, 384: Est quidem commune omnibus populis ac fere perpetuum vitium, stultitia et levitas; ähnlich 76, 486. — Vgl. auch die Zusammenfassung bei Elster, S. 179.

[3]) 55, 411. — Ein besonders warmes Lob der Freiheit auch 57, 556: Man müsse wissen, „ein wie gnädiges Geschick Gott jenen Völkern zuteilt, denen er die Freiheit schenkt; wo die Obrigkeit selbst den Gesetzen untertan ist und nichts aus eigener Willkür tut, sondern nach vernünftigen Absichten handelt, für die sie Rechenschaft zu geben schuldig ist."

zur monarchischen Erbtyrannei loben wollen, noch unabhängig von der Frage, ob die Republik einer aristokratischen Organisation bedürfe, um nicht in eine andere Art von Tyrannei auszuarten. Auch eine wesentliche Entwicklung Calvins von mehr demokratischen zu mehr aristokratischen Neigungen auf Grund der praktischen Genfer Erfahrungen darf man dabei nicht annehmen, soweit es sich um seine persönliche theoretische Überzeugung und nicht bloß um praktische Konzessionen handelte. Da sein aristokratisches Ideal nichts anderes war als ein Ergebnis seiner innersten Religiosität, so war bereits in seinen frühesten Schriften die Stellungnahme zugunsten der Aristokratie entschieden, in der Institutio z. B. von der ersten Ausgabe an. Allein die Klarheit des Ausdrucks stieg mit den Jahren, doch fanden die kirchlichen Gemeindewahlen — um diese Parallele heranzuziehen — gerade in den ersten Ausgaben der Institutio schon eine rein aristokratische Ordnung.[1]) Wenn also in der Institutio das Lob der aristokratischen Republik von Auflage zu Auflage wuchs, so darf man darin nicht Anzeichen zunehmender Überwindung demokratischer Neigungen suchen, sondern allein ein immer offeneres Bekenntnis zur Republik überhaupt auf Kosten der Monarchie.

---

[1]) Freilich nahm der Genfer Staat unter Calvin (dessen persönliche Beteiligung an der oligarchischen Entwicklung betonen: Troeltsch, S. 684; Marcks, Coligny I, S. 299 und besonders Choisy, S. 148) in steigendem Maße eine aristokratische Richtung. Calvin ließ bewußt den relativ demokratisch zusammengesetzten Conseil Général mehr und mehr zurücktreten und selbst den Rat der Zweihundert, obschon dieser nicht aus direkter Volkswahl hervorging, an Ansehen verlieren, um schließlich mit dem kleinen Rat der Fünfundzwanzig allein ein rein oligarchisches Regiment zu führen (vgl. Kampschulte I, 420f.). Man darf darüber aber nicht vergessen, daß derselbe Calvin in seiner Theorie der Kirchenverfassung die (oben im Texte angedeutete) umgekehrte Entwicklung durchlief; hier war das äußere Gebaren gerade anfangs aristokratischer als später. Die erste Ausgabe der Institutio sah nämlich bei der Unzuverlässigkeit der Menge eine aristokratische Wahlart für die kirchlichen Gemeindewahlen vor, ausgeübt durch die Obrigkeit oder einen Ausschuß Älterer unter Befragung von Geistlichen, während die späteren Fassungen unzweideutiger alle kirchlichen Gewalten demokratisch aus der Volkswahl ableiteten (vgl. Marcks, Coligny I, S. 56 und 296f.) Die Aufnahme der „Demokratie" in die Kirche blieb übrigens bei Calvins Gesinnungsart doch sehr beschränkt. Die spätere Genfer Kirche war ihrem Wesen nach durchaus aristokratisch und nur gewisse Bestätigungsrechte u. dgl. — also i. Allg. nur Rechte passiver Mitwirkung — wurden dem Volke zugestanden (vgl. Haußherr, S. 37f.).

Der aristokratisch-oligarchische Charakter des frühen Calvinismus war demnach nicht bloß Folge der äußeren Geschicke des Genfer Stadtstaates und der holländischen Adelsrepublik, sondern im Grunde ebensowohl Ursache als Wirkung der in ihnen bestehenden sozialen Verhältnisse. Diese selbst waren, wenn nicht geschaffen, so doch geformt und erhalten durch die religiösen Grundideen Calvins, denen die aristokratisch aufgebaute Republik ebenso entsprach, wie die demokratische den täuferischen und sektiererischen Ideengängen. Von der Verfassungsentwicklung des calvinischen Genfs wird man daher höchstens sagen dürfen, daß die Verhältnisse dieses Stadtstaates (ähnliches gilt dann später mutatis mutandis von Holland) eine notwendige Voraussetzung dafür boten, daß Calvins Staatsidee so, wie sie sich aus religiösen Voraussetzungen selbständig entwickelt hatte, rein ins Leben treten konnte.

Wenn man nichtsdestoweniger oft behauptet hat, der Calvinismus habe den demokratischen Geist stark gefördert, so hat man dabei hauptsächlich an den späteren Calvinismus gedacht, der bereits aus einer kleinbürgerlichen Umgebung und aus dem Sektentume Ideen in sich aufgenommen hatte, die dem Reformator selbst fremd gewesen waren. Und doch ist es kein Zufall, daß diese demokratischen Ideen in dem scheinbar so aristokratischen Calvinismus einen aufnahmefähigen Boden fanden. In seiner Kirchenlehre hatte Calvin selber, in dem Bestreben, Volks- und Bekenntniskirche bis zu einem gewissen Grade zu verschmelzen,[1]) der demokratischen — wennschon aristokratisch gemäßigten — Mitregierung der Laien das Tor geöffnet und dem Gemeindeprinzip den ersten Weg gebahnt. In der Staatslehre freilich hielt er sich vorsichtiger zurück. Und doch ergaben sich auch für diese im Laufe der späteren Entwicklung ähnliche Konsequenzen. Die Prädestinationslehre war nicht nur geeignet, aristokratische Gesinnungen zu fördern; sie konnte dadurch, daß sie jedem „einzelnen Erwählten ein Bewußtsein seines unendlichen Wertes verlieh, wogegen selbst der höchste irdische Stand und Rang in nichts zusammensinkt"[2]), auch demokratischen Ideen entgegenkommen und mußte es desto mehr, je mehr sich im späteren Calvinismus

---

[1]) Vgl. Holl, Calvinrede, S. 10f. u. 13. — Neuerdings auch J. Bohatec, War die Kirchenverfassung Calvins demokratisch? in: Festschr. z. 100jähr. Jubil. der Wiener evang.-theol. Fak. 1921.

[2]) Nach der Formulierung von Rieker, S. 182 A.

sektenhafte Kreise mit strenger sittlicher Disziplin bildeten, in denen jedes Mitglied leicht den Anspruch erheben durfte, als Prädestinierter so hoch wie irgendein anderer geachtet zu werden. Mußte in demokratischem Sinne doch überhaupt früher oder später die ganze calvinistische Sittenzucht wirken, die in die Vorrechte und Lebensgewohnheiten der höheren Stände so hart eingriff![1])

So ist es also doch, trotz allem, nicht unrichtig, daß schon im frühesten Calvinismus, wie ihn der Reformator selbst vertrat, erste Ansatzpunkte für spätere demokratische Entwicklungen verborgen lagen. Wie fast auf allen Gebieten von Calvins Staatslehre, bildete auch hier das Bett, in dem der Hauptstrom später weiterfloß, anfänglich einen kaum erkennbaren Nebenlauf; die für die moderne Geschichte der angelsächsischen Länder so wichtigen demokratischen Tendenzen des Calvinismus entstammten aber dennoch den gleichen religiösen und kirchlichen Grundideen, die ein Jahrhundert zuvor, im Zeitalter des Konfessionalismus, noch eine durch und durch aristokratische Staatsauffassung hatten erzeugen können.

---

[1]) Hierauf hat mit Recht Holl, Calvinrede S. 29f., aufmerksam gemacht.

4.

Pflichten und Rechte der Obrigkeit und der Untertanen.

Calvins Verfassungsideal, welches der vorige Abschnitt darzustellen und an die Religiosität und Persönlichkeit des Reformators anzuknüpfen suchte, ist nur die eine Seite seiner Staatslehre. Mochte dies höchste Ziel in späterer Zeit, etwa auf holländischem Boden, auch einer großen Zukunft entgegen gehen, so konnten doch in der monarchisch-ständischen Staatenwelt, in der der Calvinismus sich zunächst befand, als er über Genf hinausdrang, Calvins Lehren nur deshalb von Anfang an so große politische Wirkungen entfalten, weil sie nicht dogmatisch einem fernen Ideale zugewandt blieben, sondern auch das normale Leben der monarchisch-ständischen Staaten der Epoche in die beherrschenden religiösen Zwecke einzuordnen wußten.

Wenn man die Lehre von der vollen Souveränität Gottes nicht bis in ihre äußerste Konsequenz verfolgte, bis zur Verwerfung jedes Fürstentums, so ließen sich ihr immerhin dauernde Maßstäbe für Pflicht und Recht der Könige entnehmen. Betonte man so stark, wie Calvin es pflegte, daß alle Herrscherautorität nichts anderes als ein mandatum Gottes wäre, dann mußte die obrigkeitliche Tätigkeit gerade unter religiösen Gesichtspunkten mehr und mehr den Charakter eines Amtes — eines office simple, im Gegensatz zur seigneurie, wie Calvin es ausdrückte (53, 644) — mit fest umschriebenen Aufgaben und Grenzen gewinnen. Nun handelte es sich zwar rechtlich dabei stets nur um Verpflichtungen gegen Gott, in die das Volk nur als Objekt der Pflichten einbegriffen ward[1]), da ja Calvin allein auf göttliche Rechte zurückzugreifen pflegte und allen naturrechtlichen Vertragslehren grundsätzlich

---

[1]) Vgl. Beyerhaus, S. 96: „Der mittelalterliche Gedanke ‚populus maior principe' ist bei Calvin nicht nachzuweisen."

fern geblieben ist. Aber wie leicht konnte sich diese Unterscheidung, zumal bei der Interessenrichtung der Konfessionellen Epoche, in ihrer Wirkung verwischen, wenn man auf die religiöse Verpflichtung der Herrschenden ein so starkes Gewicht legte wie Calvin! Auch ohne naturrechtliche Begründungen vermochte dieser die Fürsten im gleichen Atem: Diener und Sklaven Dei et populorum zu nennen (57, 555) und zu erklären, daß das Amt, welches Gott den Königen anvertraut habe, auf die Untertanen ziele und deshalb auch die Herrscher zu Schuldnern ihrer Untergebenen mache.[1]) So wenig also seine Auffassung des obrigkeitlichen Amtes selber ein Stück naturrechtlicher Vertragslehre heißen kann, ebenso sehr lief sie doch in der Praxis auf gleiche Bindungen der Obrigkeit an Pflichten gegen das Volk hinaus, wie später das Naturrecht solche aus der Vertragstheorie folgerte.

Im Samuelkommentar von 1563 etwa, in dem ja überhaupt rationalistische Betrachtungsweise stark die Oberhand gewinnt, tritt der Gedanke einer Gegenseitigkeit der Pflichten von Herrscher und Volk bereits wie selbstverständlich hervor: Zwischen Herrscher und Volk besteht wie zwischen Haupt und Gliedern eine „mutua obligatio", nach der es Pflicht des Volkes ist, den militärischen und finanziellen Forderungen des Oberhauptes Folge zu leisten, des Herrschers aber, ad populi totius commodum et utilitatem procurandam.[2]) Auch sonst finden sich häufig Äußerungen, daß die Regierenden eigentlich denjenigen unterstellt seien,

[1]) 77, 251: Magistratus ... non sua causa dominantur, sed publico bono ... Quia a Deo legati sunt et negotium eius agunt, rationem illi sunt reddituri. Deinde ministerium, quod illis demandavit Deus, subditos respicit: quare illis quoque sunt debitores.

[2]) Nach den Zitaten bei Beyerhaus, S. 125. — Auch hier stellt übrigens Beyerhaus wieder die Frage, ob diese „mutua obligatio" bloß als ethische oder auch als juristische Verpflichtung gemeint sei; das Ergebnis ist naturgemäß ein neues „non liquet". Auf der einen Seite muß Beyerhaus zugeben, „daß ein Anspruch des Volkes auf Pflichterfüllung seitens des Herrschers nirgends formuliert wird", die juristische Fixierung also fehlt; auf der anderen scheint ihm die Idee der Verpflichtung so stark betont zu werden, daß er in ihr doch irgendwie „eine Vorstufe der monarchomachischen Staatslehre" sehen möchte (S. 126). — Diese Feststellungen entsprechen genau dem Ergebnis, welches nach den oben vertretenen Gesichtspunkten zu erwarten ist. Auch Beyerhaus brauchte darin keine Halbheit oder Unklarheit zu sehen, wenn er nur die Bedeutung von Calvins Lehren zunächst nicht auf juristischem, sondern auf sozialethischem Gebiete suchte!

denen sie durch ihr Herrscheramt dienen sollen (79, 732), daß überhaupt der Fürst des Volkes und nicht das Volk des Fürsten wegen da sei (62, 656), daß Gott niemanden über seine Mitmenschen erhebe, ohne ihm damit auch desto größere Pflichten und Lasten zuzuweisen (zit. Beyerhaus 95), ja, daß ein Herrscher persönlich nicht mehr gälte als einer seiner Untertanen (81, 218).

Allerdings sind dies Gedanken, die auch dem „Mittelalter“ nicht fremd gewesen waren und ihm sogar als sittliche Selbstverständlichkeit gegolten hatten. Aber es kam bei solchen sittlichen Forderungen, die sich nicht auf rechtliche Sicherungen stützten, eben viel weniger auf den bloßen Wortlaut als darauf an, mit welcher Kraft sie den Gewissen eingehämmert wurden. Bei Calvin nun ward der Gedanke: auch der Herrscher müsse sich den Gesetzen unterwerfen[1]), so stark betont, daß man sich immer wieder versucht fühlt, doch noch nach irgendwelchen rechtlichen Bindungen bei ihm zu suchen. Ja, er selbst ging in der rücksichtslosen Auslegung seiner Lehren in jenem Samuel-Kommentare so weit, die Grenzen, die er sonst so streng beachtete, scheinbar zu überschreiten und leges und instituta für eine jede Staatsform — Republik wie Monarchie — zu fordern, ne quid ex libidine cuiusquam geratur, sed singuli quid sui sit officii ex legibus discant et iisdem subiiciantur et obtemperent: ac sint veluti populorum armatura! Selbst an eine schriftliche Niederlegung der Gesetze (. . tabulis figantur et insculpantur, ut ex iis quisque suum officium discat) dachte er, weil der Staat allein durch eine solche Kodifikation davor bewahrt werden könne, infolge Unachtsamkeit, Vergeßlichkeit oder Willkür des Segens der leges wieder verlustig zu gehen, und weil dadurch allein Gewähr gegeben sei, daß alle Konflikte zwischen Herrscher und Beherrschten durch ein gemeinsames confugere ad ius scriptum eine gerechte Lösung fänden![2]) Aber das waren einmalige Äußerungen. So wichtig sie auch als Symptome des Geistes sind, der in den Lehren des Reformators lebendig war und auf die Folgezeit fortwirken konnte, so ist es für ihn selbst doch eben bezeichnend, daß er derartige Forderungen nie zur Grundlage seiner praktischen Lehren erhob, sondern sein Ideal gerade in einer von äußerem Zwange unberührten Freiwillig-

---

[1]) 57, 554f.: Ut populos regibus subditos esse oportet, ita vicissim reges legibus parere et subiici oportet.

[2]) 57, 636. — Vgl. auch das Exzerpt bei Beyerhaus, S. 124.

keit des Handelns bei Obrigkeit und Untertanen sah.[1]) In seiner religiös bestimmten Gedankenwelt ließen sich auch hierauf die heiligsten Verpflichtungen der Obrigkeit begründen. „Warum sollen überhaupt Jüngere den Älteren gehorchen?" fragte Calvin einmal in diesem Zusammenhange und gab die Antwort: „Nur damit in der Gemeinschaft ein Zustand des billigen Gleichgewichts und des gerechten Ausgleichs der Kräfte (aequabilitas et temperatura) entstehe! Auch die Älteren . . . sind an das rechte Maß gebunden (in ordinem coguntur), so daß eine wechselseitige Unterordnung entsteht (ut mutua sit subiectio). Nur in diesem Sinne ist der Gatte das Haupt der Gattin, daß auch er dieser irgendwie unterworfen ist. Nur in diesem Sinne ist der Vater der Vormund seiner Söhne, daß auch er diesen irgendwie Rücksicht schuldet. Ebenso steht es um alle politischen Abstufungen (gradus). Auch diese zielen letzten Endes auf den Schutz des allen gemeinsamen Staatskörpers, und dieser Zweck ist dann allein erreichbar, wenn alle Glieder in wechselseitigem Verhältnis der Unterwerfung einen gemeinsamen Zusammenhang darstellen (membra omnia mutuo subiectionis nexu inter se cohaereant; 83, 287)." In solchen Sätzen findet sich eine vollkommene Theorie der Wechselseitigkeit von Obrigkeits- und Untertanenpflichten, auch ohne jede Annahme einer Vertragstheorie.

Es handelt sich bei dieser Annäherung an naturrechtliche Lehren trotz so ganz andersartiger Voraussetzungen, wie früher schon hervorgehoben, um einen allgemeinen Grundzug von Calvins Gedankenwelt. Das Wesen seines Staates selber wies bei einer rein „hierokratischen" Herleitung und Bestimmung doch bereits auf den modernen Staatsbegriff hin. Wenn nämlich der Staat für Calvin in erster Linie als Rechtsstaat galt, so war dies zwar noch nicht im Sinne des Naturrechts gemeint, der Staat erschien also noch nicht als eine die Rechtssphären der einzelnen Individuen gegeneinander ausgleichende Ordnung. Blieb doch der „Rechtsstaat" Calvins gleich demjenigen Luthers allein bestimmt, als Strafrichter gegen die Gottlosen und Bösen zu wirken und die Frommen gegen diese zu schützen[2]); „Rechte" der Untertanen im eigent-

---

[1]) Diese suchte er ja im idealen Urzustande (51, 159). Vgl. oben S. 35.

[2]) Beispiele: 55, 455; 56, 211; 77, 250: Gott bezweckt durch den Staat bonorum tranquillitati prospectum: improborum autem coercitam proterviam.

lichen Sinne hatte er nicht zu wahren. Dafür aber setzte Calvin seinem Staate auf sozialem und selbst auf wirtschaftlichem Gebiete im Vergleich zu den hierokratischen Jahrhunderten und den übrigen Reformatoren so umfassende Aufgaben, betonte er so stark die obrigkeitliche Pflicht, dem Nutzen und Vorteil des Volkes zu dienen (au bien commun du peuple; 53, 632), daß sein Staat mit seinen religiös motivierten Wohlfahrtspflichten der Rationalität neuzeitlicher Staatspraxis und -Allmacht doch verhältnismäßig nahe kam[1]). Dem späteren Calvinismus wurde es daher auch hier nicht schwer, zu den modernen naturrechtlichen Ideengängen Brücken zu schlagen.

---

[1]) Vgl. Troeltsch, Soziallehren, S. 664f. — Es liegt nahe, bei dieser Gelegenheit zu fragen, wie weit diese „Rationalität" Calvin etwa schon zu einem Gebrauch des Wortes „Staat" im modernen Sinne geführt hat?

Der Begriff „status" oder „estat" ist bei Calvin noch nicht terminologisch fixiert. Soweit ich sehe, lassen sich drei Schattierungen feststellen:

I.: in der Bedeutung von: Verfassung. Beispiele: IV 20, 8: über die drei aristotelischen Staatsformen: Si ipsos etiam status ... inter se compares; ebenda das eigene Staatsideal: Minime negaverim vel aristocratiam, vel temperatum ex ipsa et politia statum; 71, 374: Hic maxime est optabilis status populi, wenn die Führer des Volkes gewählt werden.

II.: in der Bedeutung von: obrigkeitliches Amt, wobei der Amtscharakter stark hervortritt (geradezu gleich office; 81, 139 dicht hintereinander die Wendungen: L'estat qu'ils exercent und Leur office qu'ils auront exercé; nebeneinander 74, 347: Dieu a eslevé des hommes en estat et en office). Ein gutes Beispiel 81, 139: Die Fürsten mögen wissen, que l'estat qu'ils exercent, est légitime, aber auch que l'estat où ils sont, n'a point esté inventé des hommes à l'aventure, mais que Dieu l'a establi; 68, 682: Es sei eine Überhebung der Fürsten, zu meinen, quod scilicet propria virtute aut consilio in statu suo maneant.

III.: in der Bedeutung von: allgemeiner, staatlich-sozialer Zustand eines Volkes. Beispiele: 81, 143: Toutesfois on n'aura point touché à l'estat public, mais on aura parlé des vices communs; ebenda 144: Les Magistrats sont constituez pour maintenir l'estat du genre humain; 53, 632: Gott hat der Obrigkeit gelegt Le fardeau sur les espaulles, de soustenir l'estat commun; in ähnlicher Bedeutung endlich das Wort: police: 61, 53: ... que les Magistrats advisent de faire loix, qui soyent propres pour tenir le peuple en bonne police.

Gerade an denjenigen Stellen, wo Calvin einem modernen Staatsbegriffe noch am nächsten zu kommen scheint, werden übrigens weniger die Worte „status" und „estat" als „res publica" und vor allem „politia" gebraucht. Doch bleibt auch die Bedeutung dieser Ausdrücke schwankend und vieldeutig (vgl. hierzu: Haußherr, S. 13f.). — Im allgemeinen wird man also nur eine beschränkte, wennschon bereits merkbare Annäherung an einen abstrakten Staatsbegriff feststellen können.

Wir haben bisher die freiheitlich-rationale Tendenz in Calvins Auffassung des Verhältnisses von Staat und Bürger bewußt einseitig herausgehoben, um ihren Zusammenhang mit seinen religiösen Grundmotiven klar zu legen. Es haben ja auch gerade diese Lehren des Reformators vornehmlich fortgewirkt. In seinen Schriften aber bleibt ihre Herrschaft nicht unbestritten; fortwährend kreuzen sie sich da mit konservativ-autoritativen Gedankengängen, die alle radikalen Konsequenzen der religiösen Grundprinzipien einzudämmen suchen. Man darf ja nie vergessen, daß die Reformation gleichsam gegen zwei Fronten zu kämpfen hatte, nicht nur gegen einen alten Zwang, sondern zugleich gegen den gefährlichen Übereifer des Sekten- und Täufertums. Mit Mühe nur — man denke an Luthers Auftreten gegen die Schwarmgeister in Wittenberg, an seine Stellung zum Bauernkriege! — hat sie sich schließlich auf einer mittleren Linie durchgesetzt, und diese Doppelstellung gegen rechts und links kommt in den Staatslehren aller Reformatoren zum Ausdruck. Das 20. Kapitel von Calvins Institutio IV. bringt in seinem Eingange eine solche Auseinandersetzung mit dem Täufer- und Sektentum. Daß es nötig sei, sich einem staatlichen Zwange unterzuordnen, muß hier grundsätzlich verteidigt werden; denn noch liegen die radikalen kommunistischen Ideen in der Luft, die seit Luthers erstem Auftreten das Werk der Reformatoren wiederholt zu untergraben drohten. Wenn man sich diese Gefahren der Zeit vor Augen hält, wird man die vielen Mahnungen Calvins zu geduldiger, kritikloser Hinnahme der bestehenden Verhältnisse, die sich nicht minder häufig finden als jene freiheitlichen Äußerungen, kulturgeschichtlich richtig würdigen. Sie waren für den Augenblick von größter Wichtigkeit und dürfen darum keinesfalls außer acht gelassen werden, aber sie sind doch nur das zeitliche Gewand, das jenen religiös fundierten und in der Zukunft fortwirkenden Kern der calvinischen Staatslehre umgab. Nur daß diese Stimmung vorsichtiger Zurückhaltung bei dem Reformator durch sein aristokratisches Empfinden noch weiterhin gesteigert wurde, durch seinen Abscheu vor der Blindheit und Roheit der großen Masse. War doch das „cogere in ordinem" eine seiner Lieblingswendungen[1]) und die Strenge der Strafübung, die er forderte,

---

[1]) Bei Beyerhaus, S. 63. Freilich auch gerade für das Eingreifen Gottes gegen die Fürsten gebraucht (z. B. 76, 109).

noch mehr als eine bloße Spiegelung der Rechtsüberzeugungen einer Epoche, welcher die Strafgesetzgebung eines Karl V. entstammt.[1])

So muß man, soll nicht ein falsches Bild des Reformators entstehen, auch diesen zweiten Strom seines Denkens in die Darstellung seiner Staatslehre einbeziehen. Es wird nicht schwer, unter solchen Gesichtspunkten eine Fülle von Äußerungen zusammenzustellen, die jenen früher angeführten völlig widersprechen. Sogar aus seinem Grundprinzip, der Auffassung der Fürsten als Stellvertreter und Diener Gottes, scheute Calvin sich nicht, wenn er sektiererische Gefahren zu bannen suchte, gelegentlich die Folgerung zu ziehen, daß die obrigkeitliche Autorität eben wegen ihrer Beauftragung durch Gott sakrosankt und selber göttlich wäre (66, 543). Wenn ein Fürst daher legitim oder auch nur im Amte und damit gleichsam von Gott anerkannt erscheint (IV 20, 28), so leuchtet in ihm etwas von Gottes eigener Heiligkeit wieder, so daß er nicht nur den Menschen, sondern auch den Tieren der Erde und den Vögeln des Himmels furchtbar wird, selbst diese wie durch einen geheimen Instinkt zum Gehorsam zwingend (66, 544; 58, 488). Über die beste Staatsform auch nur zu disputieren — heißt es ein andermal in der Institutio —, sollte unter Privatleuten lieber unterbleiben; man muß sich mit der Erfahrung zufrieden geben, daß Gott nun einmal offenbar verschiedene Verfassungsformen nebeneinander bestehen lassen will (IV 20, 8). Wen Gott in der Herrschaft sich behaupten läßt und damit anerkennt, der darf eben ohne weiteres Gehorsam und Ehrerbietung für sich fordern; man soll dann nicht mehr „nimium scrupulose" fragen, wie er zu seiner Macht gekommen sei (55, 244). Noch mehr:

[1]) Auch diese Rigorosität der Strafübung (über ihre rücksichtslose Durchführung in Genf vgl. Kampschulte I, 422f.) steht im Zusammenhange mit Calvins religiös-kirchlichen Überzeugungen. Einerseits wird die Heiligungspflicht der Gemeinde von der kirchlichen auch auf die politische Institution übertragen und deshalb neben einer harten Kirchenzucht eine ebenso harte auf strenger Strafübung beruhende Zucht in der politischen Gemeinde verlangt. Darüber hinaus aber erfordert es die „Ehre Gottes", daß die Obrigkeit, seine Stellvertreterin auf Erden, nichts ungestraft hingehen läßt, was gegen seine Gebote verstößt. Es wäre darum eine „crudelis humanitas, quae improbis habenas laxat: sicuti nulla est maior peccandi illecebra quam impunitas" (60, 60). Aus dem gleichen Grunde verteidigt Calvin die Todesstrafe mit mannigfachen Wendungen: Contendunt igitur cum Deo, qui sanguinem nocentium hominum effundi nefas esse putant (77, 251). Schließlich wirkt wohl auch seine aristokratische Grundstimmung in dieser Richtung.

Sobald man erst begriffen hat, daß jede Obrigkeit mit Gottes Beistand und Willen zur Herrschaft kam und nicht durch Zufall, wird man es überhaupt für sündhaft halten, nach der Person der Herrschenden zu fragen (55, 555). Wenn auch die Maske des Amtes (larva dignitatis) — sagt noch ein später Zusatz zur Institutio[1]) — nur Torheit, Feigheit, Grausamkeit und einen ruchlosen Charakter deckt, so muß man dennoch dem Träger willig die Ehrerbietung zollen, die dem Amte gebührt. Sei jener auch im übrigen nichts Besseres als ein Tyrann oder Räuber! (66, 544.) Denn wenn jede Obrigkeit — auch die schlechte und frevelhafte — von Gott stammt, müssen wir dann die schlechte nicht als Strafe Gottes für unsere Sünden ansehen? (77, 250; 64, 381.) Warum Gott frevelhafte Herrscher einsetzt und im Amt beläßt, mag für uns Menschen freilich oft unerkennbar sein. Genug, Gott läßt es geschehen: so bleibt uns denn nichts übrig, als auf Gottes gütige Vorsehung zu vertrauen (IV 20, 26). Das Eine jedenfalls steht fest: Die Auflehnung der Untertanen gilt vor Gott immer noch für weit verwerflicher als die Ungerechtigkeit der Obrigkeit (62, 656), und selbst die schlimmste Obrigkeit ist weit besser als die Anarchie, die alle Ordnung verkehrt und zerstört: und wäre es auch die ärgste Tyrannei der Welt! (54, 131; 77, 250.)

Wenn man diese Lehren mit dem früher dargestellten Staatsideale Calvins vergleicht, so kann nicht zweifelhaft sein, daß zwischen beiden ein tiefer Gegensatz besteht. Und dieser löst sich nicht damit, daß man einen Riß zwischen Utopie und Wirklichkeit — wie etwa zwischen „Staat" und „Gesetzen" Platos —, zwischen einem religiös bestimmten Staatsideal und einer empirischen Betrachtung der Rechte und Pflichten in den im Augenblick bestehenden Staaten konstatiert. Während derselben Jahre und in den gleichen Schriften, welche die unbedingte Mahnung zur kritiklos-gehorsamen Hinnahme der bestehenden Obrigkeit enthalten, finden sich oft Seite an Seite und Wort an Wort heftige Anklagen gegen diese Obrigkeit und Wendungen, welche die sehr rational aufgefaßten, nicht minder unverletzlichen Pflichten der Obrigkeit betonen. Es ist auch nicht möglich, diesen Zwiespalt, der sich durch Calvins ganzes Denken zieht, dadurch aus der Welt zu schaffen, daß man annimmt, es habe mit der Zeit der Rationalis-

[1]) Zusatz der Ausgabe 1559 zu IV 20, 22.

mus seiner Staatsbetrachtung den Sieg gewonnen.[1]) Selbst wenn diese Annahme bis zu einem gewissen Grade richtig wäre, so bleibt der Widerspruch doch auch noch in den spätesten Schriften viel zu stark, als daß man hier allein die Lösung suchen dürfte. Man muß den Dualismus in den Formulierungen des Reformators ruhig anerkennen und nur die Frage stellen, ob es nicht für ihn selbst bestimmte unausgesprochene Überzeugungen gab, die ihm die theoretische Zweideutigkeit erlaubten, weil sie ihn in der Praxis

---

[1]) So Troeltsch, Soziallehren, S. 661, wo der Gegensatz zwischen einer „rationalen" und einer „irrationalen" Betrachtungsweise bei Calvin besonders scharf hervorgehoben wird. Troeltsch behauptet hier nun eine Zunahme der ersteren und beruft sich dafür, ohne eigenes Beweismaterial beizubringen, auf Beyerhaus, S. 18 und 123 bis 129. Die hier in Betracht kommenden Äußerungen (abgesehen von Calvins Verurteilung des Satzes „Princeps legibus solutus est", hinsichtlich deren Beyerhaus selbst keine klare Entwicklung der Anschauungen zu beobachten vermochte; dem Wenigen, was ihm festzustellen gelang, allein könnte jedenfalls keine Beweiskraft zugesprochen werden!) gehen alle auf den Unterschied der rationalistischen Färbung des Samuelkommentars (1563) zu den Äußerungen der Institutio zurück. Dabei ist aber zweierlei zu beachten: Einmal, daß dieser Unterschied — wie wir schon (S. 63) bemerkten — sich zum Teile aus den verschiedenen Zwecken der Institutio und des Kommentars erklärt; zum anderen, daß die angeblich zurückgedrängte „antirationalistische" Auffassung auch noch in den spätesten Ausgaben der Institutio (gleichzeitig mit und nach dem „Rationalismus" des Kommentars!) unverändert fortbesteht (die Ausgabe von 1559 fügt sogar noch neue, schroff „autoritative" Äußerungen ein! s. vorige Anmerk.) und ähnliche Äußerungen auch sonst fortgesetzt fallen (z. B. in den 1563 entstandenen „Praelect. in Jeremiam", 66, 544, oder in den ebenfalls 1563 erschienenen „Serm. sur le livre de Job.", 62, 656.) Ja man braucht gar nicht so weit zu gehen; im Samuelkommentar selbst finden sich Stellen wie die folgende: Gott habe befohlen, alacri animo nos ipsis subiicere, sive reges, sive principes, sive alii sint magistratus, quandoquidem nulla est, ut ait Paulus, nisi a Deo potestas... Nam adversus ipsum Deum insurgere videntur, qui magistratibus rebellant (57, 488). Demnach wird man sich hüten müssen, dem in den Predigten und Kommentaren zweifellos erkennbaren zeitlichen Wachsen des „Rationalismus" ein gar zu großes Gewicht beizulegen, jedenfalls diese Beobachtung auf keinen Fall zur Lösung jenes Zwiespaltes im Denken Calvins in dem Sinne verwenden dürfen, daß das „rationalistische" Element als das allmählich durchaus überwiegende angesprochen würde. In Wahrheit steht es so, daß der Rationalismus zwar in den für die Bewohner des Genfer Gottesstaates bestimmten Äußerungen allmählich zunimmt, aber keineswegs siegt und vor allem nicht in der theoretischen Betrachtung der Institutio. Beide Anschauungen bleiben selbst in Calvins spätesten Jahren nebeneinander bestehen als gleichberechtigte Motive seines Denkens.

nicht im Zweifel ließen, welchem Gedankengange er im Einzelfalle zu folgen hätte.

Man denkt zunächst an den mehrfach erwähnten Zukunftsoptimismus Calvins, der ihn ermutigte, auch in einer unvollkommenen Gegenwart Ansätze einer besseren Zukunft zu suchen. Wenn man gleich Calvin davon überzeugt ist, daß das soziale Leben in Zukunft einmal dem von Gott gewollten Ziele näher kommen wird, so kann man davor warnen, vorwitzig in Gottes Werk einzugreifen (auch der Tyrann könnte ein Werkzeug in Gottes Weltplan sein! IV 20, 26f.) und doch zugleich mit Wort und Tat dafür wirken, daß die Liebe zu Gottes Forderung allen Gläubigen in Fleisch und Blut übergehe. Läßt man Gottes Willen ruhig geschehen, dann wird dieser selbst den Frevel seiner Diener strafen. „Dann erweckt er — so hält Calvin den Tyrannen warnend vor — vor aller Augen Rächer und stattet sie mit seinem Auftrag aus, welche an der verbrecherischen Obrigkeit die Strafe vollziehen und das ungerecht bedrückte Volk aus seinem Elend befreien. Hierhin lenkt er den Tatendurst von Menschen, die dabei ihre eigenen Ziele zu verfolgen meinen. Sie aber — so setzt Calvin wiederum vorsichtig warnend vor der Glorie des Tyrannenmords hinzu —, sie aber werden einst nur nach dem gewogen, was sie selbst wollten und planten" (IV 20, 30f.). Gewiß war diese Warnung ernst gemeint, aber sie galt doch nur unter normalen Verhältnissen und für gewöhnliche Menschen. Für den außerordentlichen Fall ließ sie mit Absicht Raum; und daß der Prädestinierte, wenn es not tat, wirklich den göttlichen Auftrag an sich ergehen fühlte und vor dem Äußersten nicht weniger zurückschreckte, als wenn er zur Verteidigung eines „natürlichen Vertrags" gehandelt hätte, dies verbürgte Calvins Religiosität. „Durch seine Rächer vollendet Gott dann sein gerechtes Werk, wenn er die blutigen Szepter frecher Könige zerbricht... Hören mögen es die Fürsten und zittern!" (ebenda): Aus solchen Sätzen weht bereits der Atem der monarchomachischen Schriften, getragen von der Kraft jenes calvinischen ius divinum. Man darf daher erwarten, daß ähnliche Sätze von tiefinnerer Wärme und Leidenschaft in den Werken des Reformators oft wiederkehren. Ein fürstlicher Rebell gegen Gottes Majestät — ruft Calvin etwa — „ist nicht wert, einem Wurm oder ähnlichem Gezücht gleichgeachtet zu werden; denn die Flöhe sind noch Kreaturen Gottes; aber der ist ein Lump, der von Gott eingesetzt war, um sein Stellvertreter zu sein, und doch seines Oberherren spottet ... Verdient er nicht, angespien zu werden?“ (69, 395). Oder ein andermal: „Wer sein Amt überschreitet und sich Gott entgegenstellt, soll seines Ehrentitels entkleidet werden, damit er nicht unter der Maske seines Amtes andere irre leite!“ (76, 109.) In solchem Falle Widerstand zu leisten, ist eine Forderung der Religion. (resistere nos cogit religio; 76, 398.) Wenn wir bei einem Eingriff der Obrigkeit in die Reinheit der Predigt des Evangeliums schweigen, „dann wehe unserer Feigheit! Nun soll es jeder Einzelne erkennen, daß Gott von ihm ein offenes Bekenntnis heischt; auf daß er nicht, weil er schwieg um der Gnade von Menschen willen, einst aus Christi Munde die schreckliche Stimme höre, die seine Treulosigkeit verdammt“! (76, 88.)

All jene Mahnungen zum blinden Untertanengehorsam, sie gelten eben nur so lange, wie die Obrigkeit das Recht, das sie bindet, nicht verletzt. Sobald sie sich aber gegen ihren eigenen Oberherrn auflehnt, sobald sie auch nur Anordnungen zu treffen wagt, die gegen Gottes Willen verstoßen, ist sie nicht mehr seine rechtmäßige Stellvertreterin auf Erden. Auf der rechtlichen Fiktion, daß ein Diener, der sich gegen seinen Herrn auflehnt, nicht mehr als dessen Vertreter gelten kann, baut sich nun doch noch ein religiöses Widerstandsrecht der Untertanen auf.[1]) Bei allem Gehorsam gegen die Obrigkeit — sagt die Institutio — muß man davon ausnehmen und vor allem andern darauf achten, daß uns dieser Gehorsam nicht von Dem abzieht, dessen Wille noch über dem aller Könige steht, ... daß wir nicht, um Menschen ein Genüge zu tun, denjenigen beleidigen, um dessen willen man Menschen überhaupt gehorcht: Adversus ipsum si quid imperent, nullo sit nec loco nec numero! (IV 20, 32.) Und ganz klar und scharf: „Wenn die Fürsten uns zum Unrechttun verleiten wollen, wenn sie die reine Lehre Gottes umzustürzen trachten, so ist ihre ganze Autorität dahin, denn sie empören sich dann gegen den, dem allein die souveräne Herrschaft gebührt!“ (54, 318.) Von dem Gedanken der Souveränität Gottes her wird also zuletzt die unbedingte Gehorsamspflicht der Untertanen durchbrochen. Freilich nur, sofern es sich um einen Übergriff der Obrigkeit innerhalb der religiösen Sphäre handelt!

[1]) 76, 109: Si pater gradu suo non contentus, summum patris honorem Deo eripere tentat, nihil aliud est quam homo. Si rex aut princeps aut magistratus eousque se extollit, ut Dei honorem ac ius minuat, non nisi homo est.

Erstreckt die Tyrannei dagegen sich nur auf weltliches Gebiet, so gibt es unter keinem Vorwand ein Recht zum Ungehorsam. (ebenda.) So kommt es zu dem wesentlichen Unterschied: Dem Gehorsam gegen den weltlichen Herrscher darf man sich entziehen, sobald die Erfüllung seiner Befehle mit einer Übertretung göttlicher Gebote verbunden wäre; der tyrannischen und gotteslästerlichen geistlichen Obrigkeit dagegen muß man ein für allemal den Gehorsam versagen, weil sich ja alle ihre Befugnisse auf Pflichten des Gewissens erstrecken! (76, 505f.; 77, 251f.)

Nun sind diese Lehren an sich freilich wiederum nichts Neues oder auch nur für Calvin Charakteristisches. Auch den scholastischen Denkern und Luther war die Überzeugung, man müsse dem göttlichen Gebote mehr gehorchen als den Befehlen irdischer Herrscher, völlig selbstverständlich[1]). Aber gerade hier kam wenig auf den Wortlaut und alles darauf an, daß lebendige religiöse Antriebe die bloßen Rechte zu unabweisbaren Pflichten wandelten und ihnen damit erst zu praktischer Wirksamkeit verhalfen. Da war es denn Calvin, der weit rücksichtsloser als Luther den alten Gedanken so sehr in ein unbedingtes religiöses Pflichtgebot umbog, daß dieses tatsächlich eine neue Bedeutung für die Zukunft gewann. Mochte er — von jenen unberechenbaren Ausnahmefällen abgesehen — auch niemals über ein Recht der Einzelnen zu passivem Widerstande gegen sündhafte Befehle der Obrigkeit hinausgehen, so entfaltete sich doch auf dem Boden der calvinischen Religiosität selbst diese bloße Resistenz späterhin inmitten der großen konfessionellen Kämpfe des Zeitalters zu einer weltgeschichtlichen Macht.

Und dennoch hätte auch diese Erlaubnis passiven Widerstandes den klaffenden Gegensatz einer rationalistischen und einer autoritativen Auffassungsweise in der Gedankenwelt des Reformators selber höchstens mindern, keineswegs aber völlig aufheben können! Calvins geheimstes Fühlen war viel zu sehr auf Wirken und Handeln gerichtet, als daß er sich gegenüber einem den göttlichen Geboten völlig widersprechenden Staate mit stummer Resistenz und der Erwartung auf Gottes wunderbares Eingreifen hätte zufrieden geben können. Wenn er gleichwohl immer wieder zum Gehorsam und zur Ergebung in die bestehenden staatlichen Verhältnisse mahnte, so hatte dies noch einen tieferen Grund. Nur deshalb vermochte

[1]) Vgl. Gierke, Joh. Althusius, S. 278, der in dieser Hinsicht eine Einmütigkeit aller mittelalterlichen Publizisten feststellt.

er sich in der Praxis so oft mit ruhigem Abwarten zu bescheiden, ohne dadurch seinen höchsten Überzeugungen untreu zu werden, weil er in dem monarchisch-ständischen Staate seiner Zeit gar nicht die entartete Tyrannei und gesetzlos-absolute Königsherrschaft erblickte, die er in seiner Theorie verdammte! Zwar pflegte er sich zur Begründung seiner Neigungen und Abneigungen der überlieferten Terminologie der reinen aristotelischen Verfassungsformen zu bedienen, aber er übersah doch nicht, daß in der empirischen Welt fruchtbare Mischungen zwischen ihnen stattfinden könnten; stellte er doch sogar das eigene Staatsideal als eine demokratisch modifizierte Aristokratie dar. Wenn er den Staat der Gegenwart mit seinem inneren Gegensatz von Königtum und Ständen der Theorie einzuordnen suchte und zum Vergleich den Blick auf Sparta mit seinen Ephoren, auf Rom mit seinen Volkstribunen oder Athen mit seinen Demarchen warf, so glaubte er vielmehr zu finden, daß Gott bei keinem dieser Völker das absolute Königtum der Theorie verwirklicht habe. Zwischen Volk und König steht hier ja noch ein dritter Faktor: die Stände, „Volksbehörden" (magistratus populares), wie Calvin sie nennt. Für diese gelten offenbar all jene autoritativen Forderungen, die an die unbeamteten Untertanen zu stellen waren, nicht oder jedenfalls nicht in der gleichen Weise. Im Gegenteil, auch diese Zwischenbehörden haben auf ihre Art im göttlichen Weltplane positiv mitzuwirken! Wie aber sind ihre Befugnisse dann rechtlich zu fixieren?

Das 20. Kapitel des IV. Buches der Institutio gibt (im 31. Abschnitt) eine genaue Erläuterung, die sich in allen Ausgaben unverändert findet. Den bisher angeführten Bestimmungen für Privatpersonen folgen hier die Sätze:

... De privatis hominibus semper loquor. Nam si qui nunc sint populares magistratus ad moderandam regum libidinem constituti (quales olim erant qui lacedaemoniis regibus oppositi erant ephori aut romanis consulibus tribuni plebis, aut Atheniensium senatui demarchi; et qua etiam forte potestate, ut nunc res habent, funguntur in singulis regnis tres ordines, quum primarios conventus peragunt), adeo illos ferocienti regum licentiae pro officio intercedere non veto, ut si regibus impotenter grassantibus et humili plebeculae insultantibus conniveant, eorum dissimulationem nefaria perfidia non carere affirmem: quia populi libertatem, cuius se Dei ordinatione tutores positos norunt, fraudulenter produnt.

Der Inhalt dieser Lehren läßt sich danach im wesentlichen folgendermaßen analysieren:

1. Wenn in einem Staate Volksbehörden existieren — und sie bestehen, wie früher in Sparta, Rom und Athen, so auch im Ständestaat der Gegenwart —, so haben diese Behörden die Pflicht, die Freiheit des Volks, und zwar sowohl die politische wie die religiöse, gegen alle Übergriffe des Fürsten zu verteidigen.
2. Es handelt sich dabei um eine rechtliche und moralische Verpflichtung; jede Duldung fürstlicher Übergriffe wäre eine Pflichtvergessenheit, eine nefaria perfidia, der Volksbeamten.
3. Das Recht der „Volksbehörden" stammt (trotz des Wortes) nicht vom Volke, sondern wie das des Herrschers unmittelbar von Gott (se Dei ordinatione tutores positos norunt).

Fragt man nach der Bedeutung dieser Lehren, so erfolgt die Antwort in der bisherigen Literatur meist von rein formaljuristischen Gesichtspunkten aus. So hat noch jüngst Kurt Wolzendorff in einem Werke über das „Widerstandsrecht des Volkes"[1]) betont: Calvins Lehren vom passiven Widerstandsrecht und von der besonderen göttlichen Beauftragung bestimmter Rächer am Tyrannen stünden völlig auf dem Boden der alten Kirchenlehrer, zumal des Augustinus (S. 95); hinsichtlich des Rechtes der besonders ermächtigten Personen aber sei entscheidend, daß der für die Zukunft so wichtige Satz „nicht entnommen sei dem naturrechtlichen Gedankensystem, sondern allein der Beobachtung des geltenden Rechts" (96). Er bilde eben nichts anderes als eine politisch und staatsrechtlich richtige Beurteilung der tatsächlichen typischen Erscheinungen im Verfassungsrecht des ständischen Staates! So schließt denn Wolzendorff: Calvin hat „zur Bildung einer besonderen Theorie vom Revolutionsrecht überhaupt nichts beigetragen, er hat nur mit dem realen Blick des juristisch geschulten Staatsmannes mit allem Vorbehalt [... wenn solche Behörden vorhanden sind, usw.] eine typische Erscheinung des positiven Staatsrechts seiner Zeit aufgezeigt" (97).

---

[1]) Kurt Wolzendorff, Staatsrecht und Naturrecht in der Lehre vom Widerstandsrecht des Volkes, 1916 (Gierke's Untersuchungen, 126. Heft).

Wiewohl vom staatsrechtlichen Gesichtspunkte aus gegen diese knappen und überzeugenden Sätze kaum etwas eingewendet werden kann[1]), so wird doch gerade hier besonders deutlich, daß es in Wahrheit wenig fördert, den Reformator daraufhin zu prüfen, wie viel oder wenig er etwa unmittelbar zur Bildung der naturrechtlichen Theorien beigetragen habe. Fehlte ihm doch von vornherein deren unentbehrliche Voraussetzung: die Anerkennung einer, stets aufrecht erhaltenen oder dem Herrscher nur bedingungsweise übertragenen, Souveränität des Volkes. Sollte also Calvins Lehre dennoch etwas „Neues" und vor allem Wirkungskräftiges gewesen sein, — und daran kann man doch im Hinblick auf die spätere Entwicklung der calvinistischen Widerstandslehren kaum zweifeln! — so wird man dieses nur dann erfassen, wenn man, unter Verzicht auf alle retrospektiven Vergleiche, nach der Funktion der Lehre vom Widerstandsrechte der „Volksbehörden" für das Ganze von Calvins religiöser Staatsauffassung fragt.

Die angeführten Hauptsätze der Institutio liefern den Beweis, daß Calvin in der Tat im Staate seiner Zeit den Ansatz zu einer späteren Verwirklichung seines religiösen Staatsideals zu finden meinte. Den Ständen, die als mittlere Glieder fast in allen Staaten zwischen Obrigkeit und Untertanen stehen und selber Behörden minderen Rechtes sind, fällt, falls die eigentliche Obrigkeit versagt, in einer zweiten Instanz die große Aufgabe anheim, die Förderung des gottgewollten Ideals zu übernehmen. Eben weil diese minderen Organe dem Staate der Wirklichkeit für den Notfall zu Gebote stehen, traut ihm Calvin trotz allen Tadels Entwicklungsmöglichkeiten für die Zukunft zu. Jene knappen Sätze der Institutio über die „Volksbehörden" laufen daher — staatsrechtlich betrachtet — auf die Theorie hinaus: Die modernen ständischen Staaten sind gar keine absolut-despotischen Monarchien. Denn neben dem Herrscher steht hier eine Gruppe unabhängiger Beamten, die seinen Übergriffen entgegenzutreten haben, die überall vorhandenen[2])

[1]) Seeberg (S. 618) z. B. macht sich denn auch die Auffassung Wolzendorffs fast wörtlich zu eigen. Auch Holl (Ges. Aufs. I, 375) beruft sich zustimmend auf Wolzendorff. — Aus der früheren Literatur wäre etwa Cardauns („Die Lehre vom Widerstandsrecht des Volkes ... im Luthertum und im Calvinismus des 16. Jahrhunderts", Bonner Diss. 1903) zu nennen, der (S. 45) ähnlich urteilt.

[2]) Ut nunc res habent, funguntur in singulis regnis tres ordines, quum primarios conventus peragunt, heißt es von der Gegenwart uneingeschränkt. Man darf deshalb auf jenes: „Wenn ..." keinen großen Wert

Stände. Nun aber werden diese Stände — und damit tut Calvin einen entscheidenden theoretischen Schritt — nicht als Vertreter des Volkes angesehen. „Vertreter des Volkes", das waren sie wohl überwiegend in der übrigen Staatslehre der Epoche, und tatsächlich basierte ja auch der Ständestaat auf dem Dualismus zweier sozusagen souveränen und miteinander paktierenden Gewalten, des Fürsten mit eigener Machtvollkommenheit und der Stände, welche ihm gegenüber die selbständigen Rechte des Volkes oder doch bestimmter privilegierter Kreise vertraten.[1]) Für Calvin dagegen hätten die Stände als bloße Repräsentanten des Volkes bedeutungslos bleiben müssen, da er ihre Ausrüstung mit irgendeiner naturrechtlichen Vertragsvollmacht nicht anerkennen konnte. So deutete er ihre rechtliche Stellung gänzlich um. Sie schienen ihm, wie der Herrscher selbst, von Gott persönlich für ihr Amt bestellt, — bestimmt, in seinem Dienste bei Übergriffen des Fürsten in Funktion zu treten.[2]) Keine natürlichen Rechte haben sie zu schirmen, sondern sie selbst entsprechen einer Forderung des göttlichen Rechts. Sie sind nichts anderes als die weltliche Parallele zu dem Amte der „Ältesten" innerhalb der Kirche, die ebenfalls ihr Recht nicht von unten, vom Volke, haben, sondern von dem höchsten Herren der Kirche und des Staates selber, von Gott, dessen unmittelbare Mandatare und Funktionäre sie deshalb — wie die Stände im weltlichen Staate — sind.[3])

Und nun entsteht die Frage, wo eigentlich rechtlich die höchste Gewalt in einem derartigen Staate ruht? Sie liegt nicht allein

---

legen! — Auf den an sich verschieden deutbaren Zusatz „primarios" darf übrigens kein besonderes Gewicht gelegt werden, da die französische Ausgabe (32, 1160) ganz schlicht sagt: aujourdhuy en chacun royaume les trois estats quand ils sont assemblez.

[1]) Vgl. Jellinek, Allg. Staatslehre, 3. Aufl. 1914, S. 319f.: Im mittelalterlichen Staate herrscht ein Dualismus, derart, „daß Königsrecht und Volksrecht ... als gleich ursprünglich erscheinen"; wobei die späteren Stände das Volksrecht repräsentieren.

[2]) ... populi libertatem, cuius se Dei ordinatione tutores positos norunt. Daß die hier von Calvin gewählte Formulierung nicht etwa seine eigentliche Idee schief und entstellt wiedergibt, beweist die französische Ausgabe der Institutio, die den Gedanken, die Stände seien gleich dem Fürsten unmittelbar von Gott gesetzte Beamte, sogar noch klarer enthält: ... ils trahiroyent la liberté du peuple, de laquelle ils se devroyent cognoistre estre ordonnez tuteurs par le vouloir de Dieu (IV 20, 31).

[3]) Über diese Stellung der Ältesten in der Kirche vgl. Rieker, S. 141 und Haußherr, S. 38.

beim Herrscher — das ist im Ständestaate auch in der Tat nicht der Fall —, ist aber auch nicht zwischen Herrscher und Volk geteilt, wie im ständischen Staate der Wirklichkeit, wo die Stände das Volk repräsentieren: sondern die Ausübung der höchsten Gewalt verteilt sich unter mehrere Beamte einer und derselben souveränen Macht, Gottes. Dabei ist die Führung der Geschäfte so geordnet, daß einer dieser „Stellvertreter" Gottes, der Fürst, so lange allein die Regierung führt, als er gewisse Rechtsschranken nicht überschreitet. Geschieht dies aber, so treten die übrigen Beamten automatisch (wenn sie es unterließen, würden sie ihre Pflicht nefaria fide und fraudulenter versäumen!) in Wirksamkeit, um ebenso wieder in Untätigkeit zurückzusinken, sobald die rechtliche Ordnung wieder hergestellt erscheint (natürlich abgesehen von ihrer sonstigen dauernden Tätigkeit als wirkliche „Volksvertreter" oder vielmehr Vertreter eigener Interessen).

Ist aber eine solche Staatsform wirklich noch eine Monarchie? Kein Zweifel, wir haben es hier mit einer Mischung von Monarchie und Aristokratie zu tun, und in gewissen Augenblicken, in den Entscheidungsstunden des Staates, bei inneren Bewegungen und vor allem — worauf es ja Calvin am allermeisten ankommt — bei religiösen Kämpfen und Streitigkeiten zwischen Fürst und Volk tritt sogar die Aristokratie, wenn alle Organe des Staates ihre Pflicht erfüllen, fast unverhüllt hervor.

Eben dies: Die Verankerung der Aristokratie in der Monarchie der Gegenwart, muß als die eigentliche Bedeutung dieser Lehre Calvins vom Widerstandsrecht der magistratus populares für seine Staatsanschauung angesprochen werden. Diese Theorie bildet gewissermaßen den Schlußstein, der die beiden Kappen seiner Staatslehre in der Höhe zusammenschließt und so jenen scheinbaren Riß in seinem Denken schließlich doch noch für seine eigenen Bedürfnisse genügend ausgleicht. Der Ständestaat der Gegenwart — das ist ihr Sinn — ist, recht betrachtet, gar nicht der Gegenpol des Ideals, sondern nähert sich ihm bereits bis zu einem gewissen Grade an, ja ist schon halb und halb eine Aristokratie oder enthält jedenfalls so viele aristokratische Elemente, daß deren Vorzüge in den Augenblicken religiöser Entscheidungen in Erscheinung treten können. Wenn freilich auch die magistratus populares in solcher Stunde ihrer Pflicht nicht genügen sollten, dann gibt es kein weiteres Mittel mehr. Dann heißt es wirklich, sich Gottes unerforschlichem Ratschluß zu fügen. Aber diese Anerkennung der gegebenen Verhältnisse bietet keine Rätsel mehr. Wenn selbst das Ideal, die aristokratische Staatsform, versagt, dann kann allein die Unreife des Volkes die Schuld tragen, und unter solchen Umständen die unbedingte Autorität der Obrigkeit zu untergraben, wäre wirklich nichts weiter als Verbrechen!

Es braucht kaum gesagt zu werden, daß diese staatsrechtliche Konstruktion so, wie sie hier gegeben wurde, von Calvin weder zu Papier gebracht noch zu Ende gedacht worden ist. Wir haben aber seine Widerstandslehre auf dem Boden der für ihn gegebenen Voraussetzungen bis in die äußersten staatsrechtlichen Konsequenzen verfolgt, weil sich auf diese Weise die übliche staatsrechtliche Kritik der calvinischen Ständelehre am besten auf ihr rechtes Maß zurückführen und eine richtigere Auffassung ihrer Funktion für die Staatsanschauung des Reformators gewinnen läßt.[1]) Daß Calvin selber sie juristisch nicht weiter ausgebaut hat, ist ja bei seinem Mangel an wirklicher juristischer Konsequenz nicht eben verwunderlich. Auch handelte es sich bei dieser Auffassung des ständischen Staates natürlich weniger um eine klar bewußte „Theorie" als um ein halb unbewußtes Motiv, das aber

[1]) Einen anderen Versuch, „den gewaltigen Einfluß Calvins im Gebiete des Widerstandsrechts" aus einem Zusammenhang mit religiös-kirchlichen Grundgedanken des Calvinismus abzuleiten, machte Hans Fehr in einem Aufsatz über „das Widerstandsrecht" (in M. I. Ö. G. 38. Bd. 1918). Er glaubt vornehmlich zwei solcher Verbindungslinien ziehen zu können: 1. „Die Auffassung, daß gegen pflichtvergessene Mitglieder mit den schärfsten Strafen vorgegangen werden konnte [sc. in Genf], löste die Vorstellung aus, daß man auch dem pflichtvergessenen Herrscher widerstehen müsse"; 2. werden in Verwandtschaft zur Prädestinationslehre „die gegebenen Ordnungen und Gewalten anerkannt." Dadurch findet „eine Vermischung von Aristokratie und Herrentum mit der freien Initiative jedes verantwortlichen Einzelnen statt." „Gerade diese dualistische Welt- und Lebensanschauung — meint nun Fehr — erscheint mir als neu. Auf sie führe ich die richtige Beobachtung Wolzendorffs zurück, daß in der monarchomachischen Staatslehre (auf die Calvin stark einwirkte) die Volkssouveränitäts- und Vertragstheorie keine entscheidende Rolle spielen." (S. 19.) Zusammenfassend führt daher Fehr die große Wirkung der Widerstandslehre Calvins — abgesehen von der „Anlehnung an das positive Recht des ständischen Staates" — zurück 1. „auf die Verallgemeinerung des für die Republik geschaffenen Genfer Kirchenideals" und 2. „auf die individualistisch-autoritativ ausgestaltete Sozial- und Staatslehre des Reformators" (S. 20). — Wir hoffen oben im Texte gezeigt zu haben, daß diese Zusammenhänge sogar noch viel tiefer reichen und folgenschwerer gewesen sind, als Fehr in seiner Skizze angenommen hat.

Calvins Schätzung des Staates der Gegenwart gewiß in erster Linie mit zugrunde lag.

Auffälliger ist, daß die Lehre vom Widerstandsrecht der Stände nur in jenem einen Abschnitte der Institutio — wenn auch an wichtigster Stelle — und sonst nirgends theoretisch vorgetragen wird. Vielleicht, daß Calvin bald erkannte, die Stände wichtiger Staaten würden sich, wenigstens in der nächsten Zeit, nicht zu Förderern der Reformation entwickeln. Dann mußte es aber unklug scheinen, in den für die Praxis der Gegenwart bestimmten Schriften die Bedeutung dieser offenbar noch unreifen Staatsorgane besonders zu unterstreichen. Wie dem auch sei, — wenigstens in dem politischen Briefwechsel darf man erwarten, bei Gelegenheit willfährigen und der Reformation geneigten Ständen eine Bedeutung und Berechtigung, die jener Theorie entspricht, zugesprochen zu sehen.

Dafür lassen sich nun in der Tat Beispiele finden. Calvin, der sonst aufs strengste den Grundsatz befolgte, sich mit seinen Mahnungen zur Förderung der Reformation in fremden Ländern niemals an bloße „Privatpersonen" zu wenden, und sich ausdrücklich rühmte, „erreicht zu haben, daß einfache Privatleute die Grenze des Erlaubten nicht überschritten" (II 367), begrüßte es mit größter Freude, daß die Mehrheit des polnischen Adels — wie er es selbst ausdrückte — „den gottlosen, abergläubischen Bräuchen, die Verunreinigungen des wahren Gottesdienstes sind, den Abschied gegeben habe". „Laßt Euch — so schrieb er diesen Edelleuten —, laßt Euch durch kein Zögern aufhalten, sondern jeder von Euch soll sich bemühen nach Kräften auszubreiten, was so erfolgreich begonnen" (II 317f.). — In Polen also, wo der Adel — anders als etwa in Dänemark oder England! — mehr als das Königtum die Förderung und Führung des neuen Glaubens übernehmen zu wollen schien, billigte Calvin diesem Stande eine hervorragende Stellung in der obrigkeitlichen Fürsorge für Kirche und Religion mindestens indirekt zu. Ganz unzweideutig aber war sein Verhalten gegenüber Frankreich mit seinem reformationsfeindlichen Königtum. Vor allem in seiner Stellungnahme zur Verschwörung von Amboise bewährte hier Calvin die theoretischen Grundsätze in der Praxis. In einem späteren Briefe an Gaspard de Coligny (1561) erklärte er selbst sein damaliges Verhalten folgendermaßen: Er wäre der Meinung gewesen, „es sei hundertmal besser, wenn wir umkämen, als daß wir die Ursache gäben, das Christentum und die evangelische Sache solcher Schmach [d. h. Blut zu vergießen] auszusetzen. Wohl aber gab ich ... zu, wenn die Prinzen von Geblüt zum Besten des Landes Schutz ihres Rechtes [auf die Regentschaft] verlangten und die Parlamente sich ihrer Sache anschlössen, so sei es allen guten Untertanen erlaubt, ihnen bewaffnete Hand zu leihen" (II 346). Zu diesem Vorgehen von Prinzen und Parlamenten ist es dann freilich nicht gekommen, und Calvin hat demgemäß die bedrängten hugenottischen Gemeinden auch in der äußersten Not von jeder Selbsthilfe abgemahnt. Aber sein Verhalten in diesem Falle steht in keinem Gegensatz zu seinen sonstigen Lehren, sondern ist geradezu ein Musterbeispiel für seine Unterscheidung unberechtigter Revolten bloßer Privatleute (sei es selbst in der äußersten Not!) und berechtigter Interventionen der dazu berufenen Stände (der Prinzen und Parlamente in Frankreich!).[1]) Beachtenswert ist schließlich, daß Calvin in den beiden genannten Fällen wie auch sonst ganz offenbar nicht an „Vertreter des Volkes", sondern an Bevorrechtete einer aristokratischen Staatsordnung dachte. Die aristokratische Auffassung der Stände war, wie wir nachzuweisen suchten, gerade der Nerv, durch den Calvins Lehre vom Widerstandsrecht der Stände mit seinem religiösen Staatsideale und dieses wiederum mit der Staatswirklichkeit, die ihn umgab, im Innersten verwachsen war. Auf diesem Zusammenhange vor allem beruhte die spätere große Wirkung dieser calvinischen Lehre.[2])

[1]) Calvins Schätzung der Institution des Parlaments ging übrigens so weit, daß er dessen Rechte selbst da gewahrt wissen wollte, wo sie nicht zugunsten der Hugenotten angewandt wurden. Als das guisisch gesinnte (!) Parlament von Paris vom Könige fast gewaltsam zur Einregistrierung des den Hugenotten günstigen Friedensediktes von Amboise gezwungen wurde, hat Calvin diesen „tyrannischen" Eingriff des Königs in die altheiligen Rechte des Parlaments beklagt: „et quamquam violento remedio opus fuit ad corrigendam vesaniam, mihi tamen non placet pro imperio, et prope tyrannico more everti autoritatem, quae duobus iam saeculis illic viguerat. Utile enim fuit valere intercessionem quae regiis placitis fraenum iniicerat" (48, 173).

[2]) Wir hoffen, damit das Urteil Cardauns' (S. 51): der Calvinismus sei „nicht etwa durch einen in seinem Wesen begründeten natürlichen Gegensatz, sondern lediglich durch die Ereignisse in die Opposition zum Königtum gedrängt" und „zum Verfechter ständischer Einrichtungen" geworden, widerlegt oder doch wenigstens sehr stark eingeschränkt zu haben.

Um es noch einmal hervorzuheben: Dies eben ist die eigentlich kulturgeschichtliche Bedeutung der Widerstands- und Ständelehre Calvins, daß in ihr die Überzeugung von einem ewigen göttlichen Recht, die seinen ganzen Staat durchdrang und trug, schließlich zu Ergebnissen führte, die ihrem Inhalt und ihrem Geiste nach bereits wichtigen Sätzen des modernen Naturrechts nahe kamen. Die Lehre von der „mittleren Obrigkeit" wurde daher im Verein mit dem republikanischen Staatsideal des Reformators im späteren Calvinismus zur Brücke vom ius divinum der konfessionellen zum ius naturale der modernen Zeit.

III.
Geistesgeschichtliche Folgerungen.

Calvinismus und Renaissance als Quellen des modernen Staatsgedankens.

Wir blicken zurück. Weit über ihren engeren Gegenstand hinaus hat unsere Untersuchung wieder und wieder an eines der größten Probleme der europäischen Geistesgeschichte gerührt: an die Bedeutung des Konfessionellen Jahrhunderts für die Entstehung der Aufklärungs-Epoche. Es war kein gerader Weg, der von der vollen Transzendenz der Lebens- und Weltanschauung der hierokratischen Zeit zu dem wissenschaftlich begründeten Rationalismus führte, der vom modernen Denken unzertrennlich ist. Noch weniger aber darf man den Ursprung dieser modernen Welt allein in der Wiedererneuerung antiken Geistes suchen, die sich in dem Italien der Renaissance vollzog, also nur in einer Gegenbewegung gegen die hierokratische Periode des Abendlandes. Zwar war die italienische Renaissance bereits in mannigfacher Hinsicht — wenn schon viel weniger als man gemeinhin denkt — ein Vorläufer des 18. Jahrhunderts. In ihr entsprangen die wichtigsten Quellen exakter Wissenschaft und wissenschaftlicher Staatsbetrachtung. Aber die Renaissance blieb doch in ihrem Wesen viel zu sehr ein autochthones Erzeugnis antikisch-südländischen Bluts und viel zu sehr die Blüte eines Augenblicks, die welkte, eh' sie ganz vollendet war, als daß sie Macht besessen hätte, aus eigener Kraft die abendländische Welt im Innersten neu zu gestalten. Nur deshalb konnte sie lange nach ihrer eigentlichen Höhe einen so unermeßlichen Einfluß auf die Bildung des modernen Europas gewinnen, weil die abendländische Kultur inzwischen aus ihren eigensten Triebkräften heraus einen Wandel erfahren hatte, durch den sie aufnahmefähig geworden war für die Geschenke der wiedererstandenen Antike. Aus selbständiger innerer Entwicklung heraus hatte der hierokratische Geist, vor allem in dem Jahrhundert, das wir das konfessionelle nennen, Ergebnisse gezeitigt, die sich den Renaissanceideen in mannigfacher Hinsicht kongenial erwiesen.

Man könnte sicherlich nicht nur für die Fortbildung der Staatsanschauung, sondern auch auf anderen Gebieten der Kultur den großen geschichtlichen Prozeß verfolgen, in dem zwei ganz verschiedene geistige Ströme einander immer näher kamen, um zuletzt zur Einheit zu verschmelzen. Erklären freilich läßt sich dabei allein der äußere Vorgang; daß aber eben jene Übersteigerung des hierokratischen Geistes selber die abendländische Kultur zuletzt der Welt der Renaissance entgegenführte, dies bleibt ein weltgeschichtliches Zusammentreffen, dessen Notwendigkeit man nicht noch weiterhin beweisen, sondern das man nur als eine für die Zukunft entscheidende kulturgeschichtliche Tatsache feststellen kann.

In der Entwicklung der europäischen Staatsanschauung aus dem hierokratischen in den Aufklärungsgeist fiel, wie wir zeigen wollten, die wichtigste Rolle dem Calvinismus zu. Und gerade er bezeugt am besten, daß das Konfessionelle Jahrhundert, in dem sich der entscheidende Umschwung vollzog, in seinem Kerne etwas anderes war als bloß ein neuerstandenes „Mittelalter". Calvins theokratische Stellung zur Kultur unterschied sich schon deshalb grundsätzlich von der hierarchischen des früheren Katholizismus, weil inzwischen die Reformation der religiösen Persönlichkeit einen neuen Platz zugewiesen hatte. Mehr als die Kirche irgendeines anderen Reformators forderte gerade diejenige Calvins, im vollen Gegensatze zu der hierarchischen Vorstellung einer von der Laienschaft unabhängigen, an sich heiligen Kirche, eine stete Mitarbeit und eine hohe Vollkommenheit aller ihrer Glieder. Sie machte es der protestantischen Persönlichkeit am folgerechtesten möglich, ihr Wesen auch in dieser Welt auszuwirken. Nicht nur die alte katholische Vorstellung einer Gliederung der Christenheit in Laienschaft und mönchisch-priesterlichen Klerus, der auch die große unheilige Masse vor Gott vertretend rechtfertigen soll, war hier wie bei Luther durch die individualistische Tendenz des „allgemeinen Priestertums" zerstört, sondern dessen individualistisch-freiheitlicher Geist strömte jetzt bei Calvin, weit über Luthers Meinung hinaus, in das ganze breite Leben des sozialen und staatlichen Daseins ein.

Lange Jahrhunderte hindurch hatten stoisches und evangelisches Ideal in gleicher Weise den Menschen vom Staate fortgeführt und auf die Bildung der Persönlichkeit allein verwiesen. Auch von Luthers religiösem Individualismus aus hatte sich noch kein direkter Weg zu einem weltlichen eröffnet. Es mußte sich erst ein völliger Umschwung des geistigen Lebens vollziehen, bevor der Staat im Leben des modernen Menschen wieder wie einst in der griechischen und römischen Antike eine entscheidende geistige Bedeutung und kulturelle Allmacht gewinnen konnte. Die Wiedergeburt römischer Staatsgesinnung in der Renaissance und die religiöse Staatsbejahung des Calvinismus haben zusammengewirkt zu dieser Wiedererneuerung des politischen Menschentums.

Man möchte es mit jenem Hegelschen Worte die „List" der Weltgeschichte heißen, daß gerade Calvin, der Reformator, der der Irreligiosität und reinen Diesseitigkeit der Renaissance so feindlich gegenüberstand, selber der Zukunft diesen Weg ebnen half, indem er einen großen Teil des irdischen Daseins in die religiösen Aufgaben des Individuums einbezog und diesem dadurch wertvoll machte. Ein solcher religiöser Individualismus mußte freilich mit innerer Notwendigkeit noch einmal vorübergehend zu einer vollen theokratischen Bindung führen in Leben und Kultur. Aber gerade diese calvinische Vereinigung von Theokratie und Individualismus einer neuen Zeit ist es schließlich gewesen, durch die hindurch sich der geschichtliche Übergang von den hierokratischen Jahrhunderten zur Welt der Aufklärung zu einem wichtigen Teile vollzog.

IV.
Anlagen.

Anlage 1.

Zusammenhang des religiösen und weltlichen Persönlichkeitsbegriffs bei Calvin.

Die dem Texte (o. S. 15 f.) zugrunde gelegten Zitate finden sich bei Beyerhaus, S. 154f., zusammengestellt. Beyerhaus schließt seine Darlegungen mit folgenden beiden — von ihm offen gelassenen — Fragen: 1. „Wie weit zwischen der Verwertung des Begriffes viri heroici in der Institutio und im Jesaiaskommentar ein Zusammenhang besteht, ließe sich nur an der Hand weiterer Belege entscheiden, d. h. wenn Calvins Schriften speziell mit Rücksicht auf diesen Begriff systematisch durchforscht wären; 2. Von den heroica excellentiora ingenia wird ausgesagt, daß ihnen einst die Alleinherrschaft ‚am wenigsten behagte'. Ist das nur ein humanistischer Ausdruck allgemeiner Schwärmerei für die griechisch-römische Freiheit oder dürfen wir darin eine Anspielung auf bestimmte antike Äußerungen sehen?"

Wir haben oben im Text auf Grund einer genaueren Interpretation der fraglichen Stellen auf beide Fragen eine Antwort geben zu dürfen gemeint, deren Begründung hier noch zu erbringen ist.

Zuerst folge der Wortlaut der betreffenden Stellen aus dem Jesaiaskommentar und der Institutio: 1. Aus dem Jesaiaskommentar (64, 82): Hoc autem est constituendum, neminem ad regendam rem publicam idoneum esse, nisi qui divinitus destinatus et non vulgari virtute praeditus sit, quod etiam recte animadvertit Plato ... — Interdum vero lentius progreditur Deus et paulatim heroici ingenii viros eripit, qui idonei erant administrationi, et gubernacula in eos transfert, qui ne puerum quidem aut familiam regere possent.

2. Aus der Institutio, bereits Ausg. 1536 (29, 232): Paulus ait (Rom. 13), non esse potestatem nisi a Deo, et quae omnium minime arridebat, eximio prae aliis testimonio commendata est,

nempe unius potestas, quae quia publicam omnium servitutem secum fert, excepto uno illo, cuius libidini omnia subiicit, heroicis et excellentioribus ingeniis minus olim approbari potuit.

Wir stellen zunächst die Frage: Läßt sich aus der Stelle des Jesaiaskommentars unzweideutig erkennen, welche bestimmten Vorstellungen Calvin hier bei der Berufung auf die „heroici ingenii viri" gehabt hat? Schon Beyerhaus stellte zweierlei fest: Einmal, daß der Gedanke „Deus ... paulatim heroici ingenii viros eripit" darauf hinweise, daß diese mit einem positiven Inhalt gedacht werden müßten; zum anderen, daß aus der Textstelle eine gewisse Beziehung des Begriffes zum Staate und seinen Aufgaben hervorgehe. — Beides ist unbedingt richtig, nur bleibt die Frage weiterhin offen, an welche bestimmten Verhältnisse und Personen Calvin gedacht haben kann. Die Antwort läßt sich indes den Worten seines Textes unzweideutig entnehmen. Dieser schildert offenbar zwei historisch aufeinanderfolgende Stufen: 1. Gott hat zu irgendeiner Zeit „heroici ingenii viros qui idonei erant administrationi" zur Herrschaft in Israel berufen; 2. Gott hat diese Männer dem Volke wieder genommen und die Herrschaft an Menschen übertragen „qui ne puerum quidem aut familiam regere possent". Hinsichtlich der 1. Stufe ist festzustellen: Der hier gemeinte Zustand stimmt mit Calvins zahlreichen Schilderungen der Periode eines Moses, Josua und der Richter vollkommen überein! Dafür wenigstens ein Beispiel aus den „Homil. in Samuel." (hinsichtlich Act. 13, 17; C. R. 57, 242): quae tempora Paulus notat, ut Dei praesentia et continuus favor erga hunc populum omnibus clarius appareat, qui primum quidem in Abrahami familia per singula saecula viros maximos suscitavit, qui bonis legibus illam regerent et tutarentur, deinde iudices sive liberatores et assertores excitavit ... Da uns diese Auffassung der Zeit von Moses und Josua bis zu den Richtern als einer altisraelitischen Republik auch anderwärts häufig begegnet (IV 20, 4: ... alii civilibus praefecturis in libero populo, ut Moses, Josua ac Judices, functi sunt; quorum functiones sibi probatas esse Dominus declaravit), so darf man es für so gut wie sicher hinstellen, daß Calvin als „heroici ingenii viri" — zum mindesten: auch — die Führer des alten Israels, die Moses, Josua und die Richter, und zwar gerade insofern sie von Gott „erwählt" waren, vor Augen hatte!

Die 2. Stufe der obigen Textstelle vermag diese Feststellung noch zu erhärten. Zunächst: was kann es heißen, daß Gott diese

Männer dem Volke wieder genommen und die Herrschaft an Untüchtige gegeben habe? Damit kann nur die Einführung des Königtums gemeint sein, die Calvin ebenso oder mit noch größerer Abneigung an zahlreichen anderen Stellen geschildert hat (bes. charakteristisch etwa 52, 368). Wenn Calvin sagt: Gott habe die Herrschaft Menschen übertragen, „qui ne puerum quidem aut familiam regere possent", so zielt dieser Satz unzweifelhaft auf den ersten König Saul und seinen Zwist mit Jonathan und Michal. Denn einmal gilt Saul Calvin auch sonst für den Typus des feigen, schwachen und grausamen Tyrannen (z. B. 55, 461; 75, 311; 58, 344), zum andern kann weder eine zeitlich frühere Persönlichkeit — die Richterzeit bis Samuel wird überall in Calvins Schriften als das unübertreffliche ideale Zeitalter geschildert! — noch eine spätere gemeint sein, wo doch David bereits Calvin als gottgesandter Held, als Vorläufer und Vorfahr Christi erschien (vgl. o. S. 72). Ist aber der schwache Herrscher, der jene gottgesandten heroischen Persönlichkeiten ablöst, der erste König Saul, so bleibt kein Zweifel möglich, daß die „heroici ingenii viri" mit seinen Vorgängern in der Leitung des Volkes, mit den Moses, Josua und den Richtern, identisch sind.

Weniger günstig sind wir mit der zitierten Stelle aus der Institutio daran. Sie ist zu unbestimmt gehalten, als daß sich unmittelbar aus ihr Unzweideutiges entnehmen ließe. Immerhin hilft uns die bisherige Darlegung einen Schritt weiter: Hatte es Beyerhaus fraglich lassen wollen, ob der Ausdruck „heroica et excellentiora ingenia" als bloße humanistische Schwärmerei für die griechisch-römische Freiheit oder als eine Anspielung auf bestimmte Äußerungen antiker Autoren anzusprechen sei, so ist jetzt eine dritte Annahme zum mindesten zur Diskussion gestellt: daß sich nämlich auch hier die Vorstellungen der weltlich-heroischen und der religiös-prädestinierten Persönlichkeit miteinander verschlingen. Diese Meinung hat sogar die größere innere Wahrscheinlichkeit für sich. Nicht nur, daß sich der Begriff „heroicus" an einer anderen Stelle positiv als Bezeichnung der gotterwählten altisraelitischen Führer und Richter feststellen ließ, es erscheint diese Verbindung von Calvins weltlichem und religiösem Persönlichkeitsbegriff doch um vieles glaubhafter als der Gedanke, Calvin habe jahrzehntelang die aristokratische Form seines theokratischen Staatsideals mit den rein weltlichen Freiheitsgedanken der klassischen Antike verteidigen wollen. (Ein halb unbewußtes Mitklingen bleibt darum doch möglich. Wir haben selber dies im Texte angenommen!) Immerhin — jede Möglichkeit einer solchen weltlich-humanistischen Verteidigung wäre bei dem in seiner Jugend humanistisch gebildeten Reformator nicht ganz ausgeschlossen. Da aber kommt uns ein sprachliches Argument zu Hilfe. Wir meinen den Zusatz Calvins zu Paulus' Ermahnung in Röm. 13, den Herrschern zu gehorchen, obschon gerade die Monarchie „heroicis et excellentioribus ingeniis minus olim approbari potuit". Was bedeutet hier das: olim? Man müßte doch eigentlich, falls die heroica ingenia ungefähr der gleichen Zeitepoche wie Paulus, also der römisch-griechischen Welt, angehörten, ein ‚tum' o. dgl. erwarten. Die Annahme liegt nahe, daß Calvin mit jenem ‚olim' eine frühere Epoche bezeichnen wollte, vielleicht sogar die typische Bedeutung „in alter Vorzeit" meinte. Beides würde mit unserer Annahme, bei dem Begriffe „heroica ingenia" denke Calvin zunächst an die idealen Gestalten aus der Zeit des frühen israelitischen Staates, gut übereinstimmen, während in Beyerhaus' Erklärungen das ‚olim' stets ein Stein des Anstoßes bleibt!

Wir kommen demnach hinsichtlich der Stelle der Institutio zu dem Ergebnis, daß eine unanzweifelbare Antwort auf die Frage, welche bestimmten Vorstellungen Calvin hier bei dem Ausdruck „heroicus" gehabt habe, nicht gegeben werden kann, daß aber alle Argumente der inneren und äußeren Textkritik für die Identität dieser Vorstellungen mit den im Jesaiaskommentar feststellbaren, also auch hier für eine innere Verwandtschaft von Calvins religiösem und weltlichem Persönlichkeitsbegriff zu sprechen scheinen.

Anlage 2.

„Christliches Naturrecht" und „Ewiges Recht".

Der im Texte (S. 25ff.) gegebene Überblick über die Stellung des „ewigen", „wahren" und „absoluten" Rechts in den christlichen Staatslehren ist, wie kaum gesagt zu werden braucht, angeregt durch die bahnbrechenden Forschungen Ernst Troeltschs über das „christliche Naturrecht". (In Betracht kommen: 1. Protestant. Christentum und Kirche in der Neuzeit. 2. Der Aufsatz: Das stoisch-christliche Naturrecht und das moderne profane Naturrecht, in Hist. Zeitschr. 106. 3. Der Artikel: Christliches Naturrecht in „Die Religion in Geschichte und Gegenwart", IV. Bd. 4. Die Soziallehren der christlichen Kirchen und Gruppen.) Da unsere Skizze, wie bereits im Texte bemerkt, auf Auseinandersetzungen mit der bisherigen Literatur, ja selbst auf alle ins einzelne gehenden Nachweise und Belege verzichten muß, so sei hier wenigstens in Kürze angedeutet, in welcher Hinsicht wir Troeltschs Aufstellungen trotz der gegen sie erhobenen Kritik aufrecht erhalten wissen möchten. Alle für unsere besondere Fragestellung nicht direkt in Betracht kommenden Seiten des weitverzweigten Naturrechtsproblems müssen dabei natürlich, wie auch oben im Texte, völlig unberücksichtigt bleiben.

Die Ergebnisse der angeführten Arbeiten Troeltschs liefen bekanntlich in Übereinstimmung mit den Forschungen Max Webers darauf hinaus, die kulturgeschichtlich so folgenreiche Verschiedenheit der Sozialanschauungen des Luthertums und des Calvinismus mit der verschiedenartigen Stellung beider Konfessionen zum „christlichen Naturrecht", das bereits im mittelalterlichen Katholizismus Ausbildung fand, in Zusammenhang zu bringen. Nun hat es diesen Thesen nicht an Einwänden gefehlt, die nicht weniger besagten, als daß jenes Naturrecht gerade auf die Reformatoren ohne nennenswerten Einfluß geblieben sei. Schon 1909 vertrat

A. **Lang** in einem ausgezeichneten Aufsatz über „die Reformation und das Naturrecht" diese Meinung und fügte hinzu, das Naturrecht sei in Wahrheit „ein integrierender Bestandteil der mittelalterlich-katholischen Weltanschauung" gewesen und habe von dort aus unmittelbar auf die Entstehung der modernen naturrechtlich-liberalen Ideengänge fortgewirkt. Später hat dann auch Karl Holl (vgl. bes.: Ges. Aufs. z. Kirchengesch. I, S. 207ff. u. 367ff.) die Weber-Troeltsch'schen Thesen völlig verwerfen wollen mit der Begründung, daß die Reformation in Wahrheit geflissentlich alle naturrechtlichen Beweise „durch solche, die der christlichen Sittlichkeit entnommen sind, ersetzt" habe. Weiter wies er darauf hin, daß der Gedanke eines Naturrechts als der Meinung, „daß aus der Natur, aus dem natürlich Gegebenen ein Recht folgen könnte", Luther durchaus fern gelegen habe; er warf deshalb Troeltsch und Weber darin verwirrende Unklarheit vor, daß sie die lex naturae als die Summe der „unveränderlichen Naturverhältnisse, unter denen der Mensch steht — also etwas Tatsächliches" und die lex naturae als „das Bewußtsein eines Seinsollenden, eines sittlichen Gesetzes, soweit es dem natürlichen Menschen eignet", nicht voneinander geschieden hätten. Zweifellos befindet sich nun Holl mit seinen beiden Behauptungen in Übereinstimmung mit den Quellen. Wenn er und Lang also zu einem genau entgegengesetzten Resultate zu gelangen scheinen wie Troeltsch, so kann, falls dieser nicht völlig fehlgegriffen hat, der Grund nur darin zu suchen sein, daß beide Parteien mit dem Begriffe „Naturrecht" verschiedene Vorstellungen verbinden.

Holl zunächst scheint uns darin im Irrtum zu sein, daß er mit seiner Definition des Naturrechts als einer Zurückführung des Seinsollenden auf das Tatsächliche ohne Zweifel moderne Begriffe auf eine Zeit überträgt, für die das sog. „Naturrecht" noch durchaus dasselbe war wie das „Vernunftrecht", also gleichbedeutend mit dem allgemeinmenschlichen sittlichen Bewußtsein. Eine wirklich „naturalistische" Herleitung des Rechtes aus rein natürlichen Vorgängen wurde erst viel später, in der Gedankenwelt des 17. Jahrhunderts, vorgenommen, worauf auch Meinecke in seinem neuen Buche über „die Idee der Staatsraison in der neueren Geschichte" im Kapitel über „Hobbes und Spinoza" hinweist. Wenn also Troeltsch für die vorangehenden Jahrhunderte in Übereinstimmung mit dem Sprachgebrauch der Reformatoren den Ausdruck christliches „Naturrecht" gebraucht, so steht dabei das Wort „Natur" selbstverständlich nicht im Gegensatz zum sittlich-vernünftigen Bewußtsein, sondern die beiden Begriffe decken sich.

Doch selbst bei solcher Fassung des Naturrechtsbegriffs bleibt noch genügend Anlaß zu Mißverständnissen, an denen die von Troeltsch gewählte Ausdrucksweise nicht ohne Schuld ist. Schon der Titel „Naturrecht" scheint uns nicht sehr glücklich gewählt zu sein. Worauf Troeltsch in seinen Arbeiten vornehmlich hinweisen wollte, war, wie die Einleitung zu seinem Naturrechtsaufsatz zeigt, der allen christlichen Kulturanschauungen eigene Gegensatz eines ewigen und absoluten Rechtsideals, das praktisch unerfüllbar ist, zu der positiven Rechts- und Staatswirklichkeit. Die geistesgeschichtlich so wichtige Tatsache dieses jahrhundertelangen Glaubens an ein ewiges Recht, vor dem man die anders geartete Realität des Lebens auf die verschiedensten Arten rechtfertigen mußte, darf aber nicht vermengt werden mit der zweiten, wennschon nicht minder wichtigen Frage, ob dies absolute Recht nun mehr als natürliches Vernunftrecht, als ius naturale, oder aber als göttliches Offenbarungsrecht, als ius divinum, aufgefaßt wurde, wie es nach der richtigen Beobachtung von Lang und Holl in der Reformation so überwiegend geschah. Deshalb hätte Troeltsch unseres Erachtens besser daran getan, nicht vom „christlichen Naturrecht", sondern vom ewigen oder absoluten Recht — dem ius aeternum — des hierokratischen, reformatorischen und konfessionellen Zeitalters zu sprechen. Wir bringen darum in der obigen Darstellung diese Korrektur stillschweigend an, ohne im einzelnen darauf hinzuweisen.

Eine zweite Quelle von Mißverständnissen der Troeltschschen Anschauungen rief die durch das Vorbild der modernen Naturrechtslehre verursachte Gewohnheit hervor, bei dem Worte „Naturrecht" zunächst oder gar ausschließlich an Rechte der Individuen am Staate oder gegen dessen Übergriffe, also an „subjektive Rechte" zu denken. Im hierokratischen und konfessionellen Zeitalter aber war noch die Rechtfertigung der Staatsinstitution selbst und deren Verhältnis zum „ewigen" Rechte das eigentliche Hauptproblem: Wesen und Aufbau des Staates, „objektive Rechte" also leitete man daher damals in erster Linie aus dem natürlichen und göttlichen Rechte her. Auf subjektive Rechte nun legt die lex aeterna der Reformatoren, vor allem aber Luthers, bei ihrer vorsichtigen Zurückhaltung gegen alle kommunistisch-anarchistischen Tendenzen der Sekten tatsächlich einen auffallend geringen Wert. Insoweit ist Holls Behauptung, das Naturrecht trete bei den Reformatoren stark zurück, wiederum beizupflichten. Sobald man aber berücksichtigt, daß für das „christliche Naturrecht“ gerade objektive Rechte eine wichtige Rolle spielen, erkennt man, daß die Reformation für das Problem der Einfügung der staatlichen Welt in die höchsten Wert- und Rechtsüberzeugungen doch neue und eigenartige Lösungen hervorgebracht hat. Unsere obigen Ausführungen wollen dies zeigen.

Als letzter Einwand gegen Troeltsch bleibt noch jene zweite These Langs übrig, welche das moderne Naturrecht unmittelbar an die katholisch-mittelalterliche Entwicklung knüpfen will. Die hier von Lang gemeinte Entwicklungslinie ist in der Tat vorhanden. Wir suchen aber im Texte oben nachzuweisen, daß es daneben noch eine andere, nicht minder wichtige gibt, die hinüberführt zur modernen Welt über das „Ewige Recht“ der Reformation, vor allem dasjenige des Calvinismus.

Anlage 3.

Das Verhältnis von Staat und Kirche im calvinischen Genf.

Die — in den Abschnitten II, 1 und II, 2 — hervorgehobenen Hauptzüge der calvinischen Auffassung des Verhältnisses von Staat, Kirche und Religion müßten sich, wenn richtig aufgefaßt, wenigstens annähernd auch in der Wirklichkeit des Genfer Staatswesens nachweisen lassen, trotz mancher — oft bemerkten — Abweichungen der Genfer Staatspraxis von Calvins Theorie. Dieser Nachweis läßt sich nun wirklich erbringen.

Das charakteristische Mittel zur praktischen Verwirklichung von Calvins theokratischem Staatsideal bildete das Genfer Konsistorium, die für den Geist des ganzen Staates typische Behörde.[1]) Ihm fiel die in der Theorie des Reformators so nachdrücklich betonte Aufgabe zu, die äußere Christlichkeit jedes einzelnen Mitgliedes und der gesamten Gemeinde durch Ermahnungen zu fördern und — wenn es sein mußte — durch Strafen zu erzwingen. Zu seiner Kompetenz gehörte es, nicht bloß das gesprochene Wort, sondern selbst Ansichten und Meinungen zu überwachen, zu kontrollieren, ob der Gläubige regelmäßig den Gottesdienst besuche und Haus und Kinder in christlichem Geiste leite. Das Haus jedes Bürgers stand zu diesem Zwecke den Mitgliedern des Konsistoriums jederzeit offen, und diese waren Kläger und Richter in einer Person; um so drakonischer fielen die Maßnahmen und Entscheidungen aus. Von Jahr zu Jahr steigerte sich deren Härte[2]),

---

[1]) Vgl. Kampschulte I, 432ff. — Die folgenden Ausführungen über die Genfer Kirchenverfassung stützen sich — außer auf die „Ordonnances ecclésiastiques" von 1541 — überhaupt in erster Linie auf Kampschultes in dieser Hinsicht noch heute durchaus genügende Darstellung. — Vgl. auch neuerdings Haußherr, Der Staat in Calvins Gedankenwelt, 2. Abschnitt: „Staat und Kirche in Genf."

[2]) Kampschulte 442.

bis Servets Feuertod (1553) auch die Ketzerverbrennung wieder zu Ehren brachte. Freilich konnte das Konsistorium mit Freiheits- und Leibesstrafen nicht unmittelbar einschreiten. Nur geistliche Strafen zu verhängen, stand in seiner Macht, und ausdrücklich erklären die Ordonannzen: das Konsistorium „übe keine bürgerliche Jurisdiktion, es handhabe nur das geistliche Schwert des Wortes Gottes, wie es Paulus vorschreibe".[1])

Das Konsistorium galt also in erster Linie als kirchliche Behörde. Dennoch befand sich das Gebiet seiner Kompetenzen, im Einklang mit Calvins Theorie, in engster Nachbarschaft zum Tätigkeitsbereich des Staates und ließ daher eine planvolle Zusammenarbeit beider Gewalten erforderlich erscheinen. Hinsichtlich des Strafvollzugs zum Beispiel, der ja der Kirche Schwierigkeiten machen mußte, galt — genau wie in der Theorie — die Regel, daß das Konsistorium den Übeltäter, der eine weltliche Strafe zu verdienen schien, der staatlichen Behörde zur Aburteilung zuwies.[2]) Diese hat sich denn auch niemals geweigert, die gewünschte Verurteilung auszusprechen und die Strafe zu vollziehen. Der Staat wurde in dieser Hinsicht zum Diener der Kirche. Charakteristisch ist dabei, daß sich die Kompetenzen des Konsistoriums im Laufe der Zeit ausdehnten, und es war gewiß kein Zufall, daß die Ausgabe der Ordonnanzen von 1561 jene Stelle von der Beschänkung der konsistorialen Strafgewalt auf das geistliche Schwert ganz ausließ.[3]) Sowohl Calvins Theorie wie seine Praxis verwischten bei der theokratischen Versittlichung des Staates und seiner Bürger die Grenzen von staatlicher und kirchlicher Gewalt!

Entsprechend stand es um die Zusammensetzung des Konsistoriums. Nach der ursprünglichen Bestimmung (Ordonnanzen von 1541) umfaßte es die städtischen Geistlichen, gewöhnlich sechs, und zwölf Laienälteste aus der Gemeinde, „Männer von gutem, ehrbarem Wandel, tadellos und frei von jedem Verdacht, beseelt von Gottesfurcht und ausgestattet mit geistlicher Klugheit" (38[1], 22).

Man hat nun Anstoß daran genommen, daß diese Zwölf vom „Kleinen Rate", der höchsten weltlichen Behörde, nach Vorbe-

---

[1]) Kampschulte 439 („ne usent sinon du glaive spirituel de la parole de Dieu comme Sainct Paul leur ordonne." 38[1], 30 A.) — Vgl. auch Haußherr, S. 22.

[2]) Kampschulte I, 439.

[3]) Ebenda, Anmerkung.

ratung mit der Geistlichkeit in der Weise ernannt wurden, daß sechs aus dem „Rat der Zweihundert", der auf demokratischer Basis zusammengesetzten direkten Vertretung des Volkes, vier aus seinem engeren Ausschuß, dem „Rat der Sechzig", zwei endlich aus dem von dem letzteren in noch engerer Auswahl gebildeten „Kleinen Rate" selbst genommen wurden. Man wollte darin eine Auslieferung der Kirche an den Staat, also eine Verletzung der in der Theorie verteidigten Gewaltenteilung sehen.[1]) Aber doch wohl mit Unrecht! Daß überhaupt Laien in dieser kirchlichen Behörde saßen, entsprach vollkommen Calvins theoretischer Absicht: Schon die Institutio forderte seniores ex plebe delectos, qui censurae morum et exercendae disciplinae una cum episcopis praestent (IV 3, 8). Erheblicher ist freilich, daß die Ältesten sowohl von staatlichen Behörden gewählt wie aus solchen entnommen werden müssen. Aber auch dafür liegt die Erklärung nicht fern. Calvins aristokratischer Gesinnung mußte es von vornherein unwillkommen sein, die Wahl der Presbyter den Launen der Volksmasse unmittelbar preiszugeben. Auch in der Entwicklung der kirchlichen Zustände der Genfer Gemeinde läßt sich ja eine gleiche Hinneigung Calvins zu aristokratischen Grundsätzen feststellen.[2]) Wem aber hätte man bei einem Verzicht auf unmittelbare Volkswahl die Auslese der geeigneten Laienelemente besser übertragen können als den selbst auf Volkswahl beruhenden staatlichen Behörden, die gewissermaßen das Volk vertreten konnten? Ein Übergleiten ins Staatskirchentum fand auch unter diesen Verhältnissen nicht statt, weil alle Mitglieder des Konsistoriums nur als Glieder der Gemeinde und nicht als Träger staatlicher Ämter dem Konsistorium angehörten, gleichgültig ob sie nebenbei ein staatliches Amt bekleideten. „Ich glaube", schreibt Calvin in einem hierfür überaus lehrreichen Briefe, „man braucht nicht den geringsten Anstoß daran zu nehmen, daß auch Richter und höhere Polizeibeamte in ein Konsistorium gewählt werden, wenn sie nämlich nicht als Amtspersonen gewählt sind; denn dieser Unterschied zwischen den beiden Ständen und Ämtern muß stets gewahrt bleiben. Leute, die zur weltlichen Regierung gehören, auszuschließen, so daß sie nicht auch Aufseher in der geistlichen Gewalt sein dürften, schiene mir gegen alle Vernunft zu sein.

[1]) Eine ältere Stimme dafür ist G. V. Lechler, Gesch. der Presbyterial- und Synodalverfassung, Leiden 1854, S. 45.

[2]) Vgl. oben S. 74.

Die Hauptsache ist, daß, wenn sie als tauglich zu solchem Amte gewählt werden, sie nicht die Gewalt des weltlichen Schwertes in Dinge mischen, die davon wohl zu unterscheiden sind".[1]) Übergriffen oder Eigenmächtigkeiten des Rates bei der Ausübung des ihm zugewiesenen Wahlrechts wurde auch durch praktische Kautelen vorgebeugt, die sich in der Folge durchaus brauchbar erwiesen. So verlieh die Neu-Redaktion der Ordonnanzen von 1561 dem Volke wenigstens in der Form des Einspruchsrechts eine Mitbestimmung bei der Wahl[2]), und vorher war bereits das geistliche Element im Konsistorium gegenüber dem vom Rate abhängigen weltlichen dadurch bedeutend gestärkt worden, daß das Konsistorium damals ebenso viele geistliche wie weltliche Mitglieder zählte.[3])

Es stand also innerhalb der Sphäre der theokratischen Heiligung des Staates in Genf im ganzen so, wie es die Theorie Calvins forderte: Es fand hier bei dem ständigen Zusammenwirken beider Regimente zwar eine vielfache, nicht immer prinzipiell geregelte Vermengung der beiderseitigen Kompetenzen statt; aber Calvin verstand es dabei doch, durch ein sorgsames Abwägen der Rechte und Pflichten hüben und drüben keine der beiden Gewalten zur alleinigen Herrschaft kommen zu lassen.

Anders verhielt es sich in Genf mit dem Verhältnis des Staates zur Kirche selbst und ihren inneren Angelegenheiten. Hier übte der Staat die Befugnis, die Prediger zu wählen, zu beaufsichtigen und selbst abzusetzen, durch seine oberste Behörde, den „Kleinen Rat", aus und hatte so das wichtigste innerkirchliche Recht — von minder wichtigen abgesehen — in seiner Hand. Da es sich dabei um einen dauernden Zustand handelte, so ist kein Zweifel, daß diese staatliche Befugnis im Widerspruche zu Calvins theoretischen Ansichten stand, trotz der im Eid der neugewählten Prediger enthaltenen Erklärung, daß die Verpflichtung gegen den Rat der Stadt sie nicht hindern könne, den Dienst und

---

[1]) II 394. — Ein analoges Beispiel ist es, wenn (nach 38[1], 121 f.) der Syndikus, der an den Sitzungen des Konsistoriums teilnimmt, nicht den Stab, das Abzeichen der weltlichen Gewalt, führen darf (bei Rieker, S. 185). Durch ein Edikt von 1560 wurde dies ausdrücklich festgesetzt (Haußherr, S. 37).

[2]) Choisy. S. 241 A.

[3]) So schon im Jahre 1557; vgl. Kampschulte II, 358.

die Verantwortung gegen Gott am höchsten zu stellen.[1]) Man muß diesen Widerspruch von Theorie und Praxis, der sich damit rechtfertigen konnte, daß in diesem Falle, wo die Obrigkeit wirklich vollkommen verchristlicht war, die sonst gültigen engen rechtlichen Beschränkungen fallen durften, ganz offen anerkennen, sich dabei aber zweierlei vor Augen halten. Einmal, daß Calvin in Genf nicht einen idealen Staat auf Neuland errichtete, sondern eine mächtige, widerstrebende Tradition der Stadt beständig berücksichtigen mußte. So hat zum Beispiel die Anerkennung des konsistorialen Exkommunikationsrechts durch den Staat harte Kämpfe gekostet[2]) und in der frühesten Genfer Staatsordnung aus der Hand Calvins (1537) wurde sogar noch ein tatsächliches Staatskirchentum in Kauf genommen; von der Errichtung eines Konsistoriums war damals noch nicht die Rede.[3]) Es ist darum offensichtlich, daß der Widerstand der alten städtischen Aristokratie Calvin wiederholt zu Konzessionen an den Staat gezwungen hat, wovon sich noch einzelne Spuren finden lassen[4]), und wir bedürfen gar nicht einmal seiner — leider nicht unzweideutigen — Äußerungen, die es wahrscheinlich machen, daß er auch selber in der Genfer Verfassung nicht die volle Verwirklichung seines Ideals gesehen hat.[5]) Erinnert

---

[1]) Choisy, S. 251.

[2]) Rieker, S. 188; Haußherr, S. 32ff.

[3]) Choisy, S. 53f.; Haußherr, S. 36.

[4]) Eine grundsätzliche briefliche Beschwerde Calvins über die Genfer Regierung, die er *ὀλιγαρχία* schilt (quantum mihi displiceat praesens reipublicae nostrae status): 42, 27. — An die Notiz, daß ein städtischer Syndikus als „iuge et chef" die Sitzungen des Konsistoriums leitete, knüpft Choisy die Bemerkung: „Ceci est une concession faite par Calvin au pouvoir politique" (S. 241). — Auch Seeberg (IV, $2^{3}/_{3}$, 620) weist darauf hin, daß der Genfer Magistrat „nicht ohne harte Kämpfe das Recht der konsistorialen Exkommunikation anerkannt hat."

[5]) Dies behauptet G. V. Lechler (Gesch. der Presbyterial- und Synodalverfassung, 1854, S. 46): „Die Abweichungen von seinem Prinzip entgingen Calvin selbst nicht, er hat sich ausdrücklich darüber ausgesprochen." Dafür gibt Lechler zwei Äußerungen Calvins an: 1. Über den durch einen Ausschuß des Rats in Verbindung mit den Geistlichen hergestellten Verfassungsentwurf: Formulam composuimus, non illam quidem satis absolutam, sed pro temporis infirmitate tolerabilem (39, 363). 2. Über die angenommene Verfassung: Nunc habemus qualecumque presbyterorum iudicium et formam disciplinae, qualem ferebat temporum infirmitas. (39, 379). — Lechler folgert daraus: „Calvin verhehlte sich also nicht, daß die Wirklichkeit hinter seiner Idee zurückgeblieben sei, und nahm das Erreichte sozusagen nur für eine Abschlagszahlung; aber er begnügte sich

man sich doch auch in diesem Zusammenhange jenes Briefes Joh. Hallers (o. S. 55), aus welchem die Unzufriedenheit der Genfer Kirchenmänner mit der Überlegenheit des Staates über die Kirche in Genf klar hervorgeht.

Auf der anderen Seite darf man nun aber nicht vergessen, daß in Genf trotz dieser Abweichungen von der Theorie schließlich doch kein so starkes Übergewicht des Staates Platz gegriffen hat, daß man von einem Staatskirchentume im lutherischen Sinne sprechen könnte. Der Satz des Glaubensbekenntnisses der Genfer Bürger: „Wir bekennen, daß unser ganzes Leben nach den Bestimmungen von Gottes heiligem Gesetz geordnet werden muß und daß in ihm alle Gerechtigkeit beschlossen liegt" (37, 694), führte in der Luft des Genfer Gottesstaates sogar zu einer Unterordnung des Staates unter die Kirche, mindestens indirekt in der Form einer Herrschaft des biblischen Gesetzes, einer Bibliokratie, wie man diese calvinische Art der Theokratie genannt hat. Die wichtigste Macht im Staate lag doch eben dort, wo dieses Gesetz im einzelnen Falle seine rechtmäßige Auslegung fand: bei der Geistlichkeit, wie sie zusammengeschlossen war in der „venerable compagnie", und bei dem anerkannten geistlichen Führer, der — wie man es ausgedrückt hat[1]) — den Finger auf den Tafeln des Gesetzes vom Sinai, den rechten Weg zu weisen pflegte.

Statt zum Staatskirchentume führte die Genfer Theokratie also eher zu einem verkirchlichten Staate.[2]) Für Calvin indessen war die Unterordnung des Staates unter die Bibel alles andere als eine Vergewaltigung. Durch sie erst eröffnete sich in seinen Augen die Bahn zu einem gottgewollten Wirken des Staates, zur Erfüllung der für das soziale Leben geltenden Gebote Gottes.

So wird man also sagen dürfen: Obwohl für das Verhältnis von Staat und Kirche im Genfer Staate eine formelle Abweichung von der Theorie zugunsten einer Leitung der Kirche durch den Staat

---

doch vorerst mit dem, was da war, denn er erkannte wohl, daß die Macht der Verhältnisse stärker sei als die des Ideals." — Obwohl auch Hundeshagen (Klein. Schrift. u. Abh. II, 509) diese Beweisführung übernommen hat, möchten wir es doch dahingestellt sein lassen, wie weit sich aus diesen recht allgemein gehaltenen Briefäußerungen wirklich zwingende Schlüsse für unsern bestimmten Fall ziehen lassen.

[1]) Bei Choisy, S. 254 und Kampschulte I, S. 473.

[2]) Dies betonen: Fr. v. Bezold (Staat u. Gesellschaft, S. 80), Troeltsch (S. 683) und schon früher Hundeshagen (Schrift. II, 505).

nicht zu leugnen ist, so blieb das tatsächliche Ergebnis doch vom lutherischen Staatskirchentume so sehr verschieden, daß man eher von einer Unterordnung des Staates unter Kirche und Bibel sprechen darf. Hinsichtlich des Zusammenwirkens von Staat und Kirche zur Aufrichtung einer Theokratie aber sind in der Genfer Verfassung Calvins Grundthesen voll verwirklicht worden, vor allem in dem Kernstück der Verfassung, dem Konsistorium, dessen sich Calvin denn auch selber als eines gelungenen Ausgleichs der weltlichen und geistlichen Machtsphäre gerühmt hat.[1])

[1]) Er sagt im Hinblick darauf: „Volui, sicut aequum est, spiritualem potestatem a civili iudicio distingui" (bei Kampschulte I, 471).

www.ingramcontent.com/pod-product-compliance
Lightning Source LLC
LaVergne TN
LVHW042246300926
849161LV00003B/488